博瑞森图书
BRAGE

企业阅读 本土实践

# 白酒到底如何卖2

从市场培育到动销

赵海永◎著

天津出版传媒集团
天津人民出版社

图书在版编目（CIP）数据

白酒到底如何卖. 2，从市场培育到动销 / 赵海永著
. —天津：天津人民出版社，2019. 10
ISBN 978 - 7 - 201 - 15242 - 4

Ⅰ. ①白… Ⅱ. ①赵… Ⅲ. ①白酒 - 市场营销 - 研究
- 中国 Ⅳ. ①F724. 782

中国版本图书馆 CIP 数据核字（2019）第 194103 号

白酒到底如何卖 2：从市场培育到动销
BAIJIU DAODI RUHEMAI 2：CONG SHICHANG PEIYU DAO DONGXIAO
赵海永　著

---

出　　版　天津人民出版社
出 版 人　刘　庆
地　　址　天津市和平区西康路 35 号康岳大厦
邮政编码　300051
邮购电话　（022）23332469
网　　址　http://www.tjrmcbs.com
电子邮箱　reader@tjrmcbs.com

责任编辑　刘子伯
策划编辑　马　优
装帧设计　仙　境

印　　刷　河北宝昌佳彩印刷有限公司
经　　销　新华书店
开　　本　710 × 1000 毫米　1/16
印　　张　16
字　　数　200 千字
版次印次　2019 年 10 月第 1 版　2019 年 10 月第 1 次印刷
定　　价　118.00 元

---

# 导读

本书为笔者十年白酒营销咨询服务经验总结，全书系统化、标准化、模式化地解读以消费者培育为基础，促成动销的实战操作方式和方法。主要包含：消费者培育活动、核心终端打造、白酒品推活动开展、经销商服务和人员管理、自我提升。全部围绕白酒营销的实战内容进行解读，例如白酒核心终端网络构建、烟酒店联营体模式操作、乡镇分销市场拓展、白酒品鉴会执行、协助经销商系统化服务及提高自我效率等。大部分策略内容应用于部分名酒企业和区域性强势白酒企业的区域市场，也在不断推进过程中取得了很好的效果。为白酒品牌在细分市场的发力和品牌的稳步提升，提供了大量的营销策略和市场动作。

从近几年的白酒行情可以看到，全国名酒企业和区域白酒企业都重视基础市场的构建，强调消费者培育的具体市场动作。白酒企业和白酒经销商开始重视团队的要求和系统培训服务内容，这也预示着“混饭吃”“不求上进”的企业和商家无法在行业内生存。

笔者认为，任何知识都需要不断地揣摩和分析，结合市场现状和品牌发展阶段进行系统化的动作“编排”，认真细化每一个方案、强化落实每一个动作、专业打造每一个渠道、真诚服务每一个客户，不断提升自己的专业技能和客户服务水平。本书是白酒从业人员必读的实战营销书籍，必将给每位白酒营销人员提供最有价值的策略和模式。

# 目录
Contents

## 第三章　白酒品推活动的开展



## 第四章　如何做好商家服务



## 第五章　人员管理与自我提升

# 第一章

# 消费者培育活动

# 一、中低端盒装酒宴席市场全攻略

宴席包括婚宴、事宴、谢师宴等，其中婚宴是较为重要的宴席，是大众用酒的重要渠道和场所，也是集销售与传播于一体的重要平台，可以大力宣传品牌。同时，带动周边人群的跟风饮用和效仿，对于品牌的爆量式增长具有极大的促进作用。

一些中低端盒装酒新产品上市或者没有突破口的产品亟须宴席市场的拉动，促进品牌的推广和销量的增长。笔者针对部分低端盒装酒市场的操作，总结其优秀经验。

## （一）婚宴渠道建设目标

婚宴渠道建设目标如表 1－1 所示。

**表 1－1 婚宴渠道建设目标**

| 类型 | 渠道类型 | 选择标准 | 建设指标 |
|---|---|---|---|
| 主要 | 名烟名酒店 | 生意较好，白酒销售以婚喜宴为主，终端老板人际关系较好、最好在小区门口或小区内，乡镇市场一般是较大的商超 | 地级市选择 5～10 家；县级市选择 3～5 家；乡镇市场选择 1～2 家 |
| | 酒店 | 有条件举办婚喜宴的酒店 | 地级市场选择 3～5 家；县级市场选择 1～2 家 |

续表

<table>
<tr><td rowspan="3">辅助</td><td>婚纱影楼</td><td>婚纱影楼或婚纱连锁店，店长有合作意向</td><td>地级市场选择3～5家；县级市场选择1～2家</td></tr>
<tr><td>婚庆公司</td><td>婚庆公司或婚庆连锁店，店长有合作意向</td><td>地级市场选择3～5家；县级市场选择1～2家</td></tr>
<tr><td>喜铺</td><td>喜铺或连锁喜铺</td><td>地级市场选择3～5家；县级市场选择1～2家</td></tr>
</table>

## （二）宴席渠道物料

宴席渠道物料如表1－2所示。

表1－2　宴席渠道物料

| 渠道 | 物料 |
| --- | --- |
| 流通终端 | 瓶脖、海报、横幅 |
| 酒店终端 | 瓶脖、海报、横幅 |
| 辅助渠道 | 海报 |

## （三）宴席活动步骤

### 1. 市场调查

调查的主要内容：当地宴席渠道的主流消费品种、价格、消费偏好、消费场所、竞品促销手段等。

对于中低端盒装酒而言，主要针对城镇县乡市场，此部分市场消费能力相对较低，婚宴用中低档盒装酒的可能性大于市区。

## 2. 政策及传播

### （1）婚宴政策

根据对目标市场的调查、竞品的婚宴政策进行分析，结合自身品牌的实际情况制定婚宴政策。常见的婚宴政策如表 1－3 所示。

**表 1－3 常见的婚宴政策**

| 对象 | 政策内容 |
| --- | --- |
| 消费者 | 1. 一桌赠送一瓶光瓶酒（购买量不得低于赠送量），一般一桌赠一瓶本品 2. 买酒折现。凡是宴席用酒 × 件以上，每件直接抵扣 × 元，购买时就返给消费者<br>3. 买 2 送 1。即买 2 瓶送 1 瓶，或者买 2 件送 1 件，不过要求最低 × 件起购<br>4. 买酒送旅游。即买酒就送旅游，要求最低 × 件起购<br>5. 买酒赠送宴席消费金额折扣（指定酒店）。联合当地比较知名的酒店，推出凡宴席购买本品牌酒水并到这些合作酒店举办宴席，均可享受消费总金额 × % 的优惠<br>6. 买酒赠送一桌式烟酒饮料等。买酒赠送烟、饮料等，要求最低 × 件起购<br>7. 宴席买酒送服务。主要是买酒赠送一些宴席的软性服务，包括婚车、拱门、气球、礼仪小姐、司仪、请帖等<br>8. 买酒赠送个性化产品，如宴席买酒就送大坛酒等<br>9. 买酒赠送个性化服务，如宴席买酒就将祝福语、新人的照片等印在酒瓶上等个性化服务 |

续表

| 对象 | 政策内容 |
|---|---|
| 终端 | 1. 针对宴席酒店开展喜庆消费单桌满××元、×××元、××××元送不同档次的酒水等<br>2. 与宴席酒店签订买断宴席桌数，只要有宴席活动，酒店立刻告知厂家人员，并找理由大力推荐其产品<br>3. 通过和宴席酒店的良好关系找到消费者的订餐信息，或者依靠利益引导从酒店拿到宴席信息 |

### (2) 婚宴传播

婚宴传播最有效的方式有两种：品牌主题传播、终端和消费者口碑传播。在宴席传播上，突出产品名称，以通俗易懂的方式让终端和消费者进行口碑传播。如表1－4所示。

**表1－4　婚宴传播**

| 传播方式 | 品牌 | 传播口号 |
|---|---|---|
| 品牌主题传播 | 今世缘 | 有喜庆，今世缘，结婚当然今世缘 |
| 终端和消费者口碑传播 | 山东冠群芳 | 宴席主题：我的新娘冠群芳<br>（喻指我的新娘是最漂亮的） |
| | 山东景阳春 | 宴席主题：喝个小老虎，生个胖儿子<br>（景阳春在当地的小名叫小老虎） |

中低端盒装酒，在宴席传播上采用类似“牵手一生，×××酒”等宣传形式。

## 3. 婚宴酒店

婚宴酒店选择：有能力举办婚宴的酒店、食堂等场所。

婚宴酒店打造如表1－5所示。

表 1 -5 婚宴酒店打造

| 动作 | 内容 |
| --- | --- |
| 一人 | 指酒店汇总接触婚宴信息的第一个人，找到这个关键人（老板或者前台经理），用利益刺激的方法给予激励，如一瓶给予多少返利等 |
| 一堆 | 在宴席酒店中做产品的堆头陈列，地堆最好以差异化的形式呈现 |
| 一单 | 把产品植入到宴席菜单<br>宴席酒店中都有一个宴席套餐的菜单，如 488 元套餐、688 元套餐。把活动产品及政策内容植入到菜单中，而套餐价格不变，如原来是 488 元的套餐不含酒，现在含酒但价格不变 |
| 一陈列 | 在婚宴酒店的前台摆放产品，同时做好瓶脖的维护工作 |

## 4. 流通终端

流通终端针对婚宴，主要是组建宴席联盟店。

第一步：让经销商筛选区域内核心流通店，乡镇宴席的流通终端相对集中，一般一个乡镇只有一两家流通店。

第二步：邀请终端老板品鉴，并签订三方协议。

第三步：围绕联盟店开展“陈列、堆头、横幅”的标准化建设。

第四步：定期监督联盟店的生动化、价格、宴席场次等。

第五步：协议完成后，发放联盟店专项奖励。在常规婚宴促销产品提成返利的基础上（经销商负责），根据销量规模的大小，提供明显高于一般烟酒店的销售奖励，根据合作协议兑付，具体奖励政策由销售公司和经销商商定。

## 5. 婚宴经纪人

### (1) 婚宴经纪人选择

红白喜事总管、终端老板、宴席酒店老板、经理、学校校长、厨师长等区域市场意见领袖。

（2）婚宴经纪人动作

婚宴经纪人动作如表1－6所示。

表1－6 婚宴经纪人动作

| 动作 | 内容 |
| --- | --- |
| 一品 | 邀请婚宴经纪人开展一桌式品鉴会，品尝产品 |
| 一游 | 让婚宴经纪人参加回厂游活动，了解产品，加深其对品牌的感情 |
| 一奖 | 给予婚宴经纪人物质奖励，推荐一个信息给予2瓶酒，成功推荐一单给予××奖励，具体由经销商和区域业务员协商 |
| 一服 | 给婚宴经纪人提供印有品牌logo的T恤 |

经销商在发展经纪人时，除了“一品一游一奖一服”外，还需做好婚宴服务工作，可以预备几套结婚用的拱门，给予婚宴消费者实在的好处，也给婚宴经纪人推荐减少阻力。

## 6. 婚宴管控

婚宴管控主要是针对经销商的婚宴动作，不同阶段给予不同的奖励，主要有三个考核终端的指标，如表1－7所示。

表1－7 考核终端的指标

| 阶段 | 管控指标 | 考核内容 |
| --- | --- | --- |
| 一 | 婚宴终端 | 宴席酒店的数量、流通联盟店的数量、婚宴经纪人的数量 |
| 二 | 宴席场次 | 区域内宴席举办次数，只考核次数，不考核销量 |
| 三 | 宴席销量 | 区域内宴席的销量为主要管控指标 |

以上是笔者针对中低档盒装酒宴席市场操作的一些见解，宴席市场

需要大量的资源和时间来操作，不可能见效快，思路和战术一旦确定就要坚持执行。

## 二、乡镇市场小微“单位”团购如何做

乡镇市场一直是县级经销商和乡镇分销商的核心“战场”，尤其在目前竞争态势严峻的情况下，经销商更需要“吐血”式的操作市场。本书主要是笔者对乡镇市场小微团购的一些想法和建议，小微团购的开展也许是本轮调整期厂家及经销商在团购渠道进行转型的必由之路，尤其是一些中端产品，更加符合乡镇市场小微企业团购的消费能力。更重要的是，通过小微团购的转型操作，谋求企业内生系统的优化及升级，建立自己在区域市场上的核心竞争力。

### （一）乡镇市场小微“单位”的特点

小微“单位”数量多，消费人群较密集。例如：区域特色的小型工厂、加工服装企业、食品加工企业、个人洗车行等。

小微“单位”互动比较明显，具备一定的跟风和带动作用，容易被彼此之间的饮酒习惯影响。

白酒的购买水平处于中等，但饮酒量和频次较多。

消费者口感培育相对容易，不存在强势品牌概念。

乡镇市场小微“单位”比较分散，相比传统意义的团购单位，单次购买数量较少。

## （二）乡镇市场小微“单位”主要群体汇总

如乡镇企业群、建材市场的企业主、家具市场的企业主、花卉市场的企业主、品牌服装的代理商、宾馆老板、汽车4S店、家装公司、健身俱乐部等小型企业单位。

## （三）如何获取小微“单位”的信息

通过经销商掌控核心烟酒店、小卖部、超市、餐饮店等终端老板获取背后一定具备团购资源的客户信息。

通过当时某个产业的关键人物获取其关联企业的其他人员信息。例如：本地小型服装厂比较多，只要能和本地的某位服装行业的关键人“搭上线”，再由他引荐其他的私企小老板。

转换介绍形式获取小微“单位”的信息，先通过个人关系网络或者其他资源获得一个小微“单位”的信息，然后由该关键人介绍其他的小微“单位”的其他信息。

经销商的销售人员或者自己陌生拜访，走访本地的小微企业或者其他单位。

## （四）小微“单位”团购七步走

### 1. 小型品鉴会，搞定关键人

在乡镇市场召开小品会是一种传统的品牌推荐会议形式，笔者建议邀请小微“单位”的核心关键人参加小品会，参会人员并不一定认识。以互相认识、品鉴美酒的形式邀请客户，对被邀请人吸引力较大。小品会现场穿插产品介绍，不建议直接说销售，否则会造成参会人员误解。通过小品会的形式，逐步建立本区域小微“单位”核心关键人的网络，将其做成一个系统化的工作去运作，循序渐进，逐一突破。

### 2. 联合终端店，协作做销售

在经销商开发小微“单位”团购的过程中，有部分是终端店主引荐或者介绍的。此种情况，为了维护彼此之间的共同利益，可以联合终端店共同做销售。经销商的团购政策和烟酒店团购政策保持一致，若是终端商引荐的客户产生销售，经销商根据层级完成任务，给予终端商一定的年度返利。同时还要对终端商引荐的团购客户进行备案，不得出现经销商人员和终端商人员共同公关的现象，对团购客户的详细信息进行备案，和终端商互惠互利。

### 3. 节假日活动促销不间断

节假日促销是产品产生销售最直接的时间段，经销商可以在此期间出台一定的销售政策。五一福利、夏季会议消费、中秋及国庆聚饮、春节年会、福利及日常宴请，根据节点制定终端进货政策和终端客户促销政策，做到有进有出。例如：买赠、旅游促销、实物促销等，把此信息告知每一个核心团购关键人，尽量由经销商客户或者终端店老板直接传达此信息，并且告知具体政策和截止日期。大部分小微团购的关键人都会订购一部分产品，前期的工作渐有成效。

### 4. 构建小微团购联合销售网络

构建小微团购联合销售网络，是指整合经销商所掌控的小微团购客户经营的范围，建议这些客户也出台自己的产品或者服务的政策、促销信息，由经销商整合这些信息，告知每一位经销商掌控的小微团购客户。让所有的客户明白，你不仅仅卖酒，还是帮助他们推广产品和为他们服务。

### 5. 赞助企业活动，入驻企业内部招待

部分较大规模的乡镇企业均有内部的会议和员工活动，对白酒的需求量也比较明显。经销商在和这些企业的核心关键人的日常接触中发现这些信息，可以通过赞助或者联合会议的形式，把经销商的自我品牌和企业的员工联动起来，扩大产品对员工的影响力。

### 6. 建立客户的详细档案表

根据经销商掌控的所有关键人的信息和意向客户信息，建立产品销售的档案表，搜集客户的详细信息。不同客户可以分类构建客户微信群，在群内不定期发布相关促销信息和品牌推广信息，利用低成本的微

信推广形式逐步扩大品牌在乡镇市场的影响力。

## 7. 扩大小微团购客户的数量，不重大放小

如果经销商掌握本区域内500家小微“单位”团购客户，每家客户平均每月进一箱白酒，500家客户至少要消费掉500箱白酒。即使每个客户每两个月进一箱白酒，500家客户每个月也不会少于200箱的销量。以往的团购，大家都在争着“抱西瓜”，争抢大中型企业客户，而忘记了遍地的“芝麻”，放弃了小微企业。如今的团购，“西瓜”要抱，“芝麻”更要捡。当我们把遍地的“芝麻”都捡起来的时候，产品的销路还会有问题吗？如果有一天，这些“芝麻”给你带来惊喜，你还会把“芝麻”当“芝麻”看吗？此时的“芝麻”或许就是“西瓜”了。

笔者认为，现实中小微企业数量庞大，如何将这个数量庞大的群体系统地纳入团购营销工作中，是本书要探讨的重点和解决的问题。小微企业这类群体数量众多、经营灵活，即使是在经济形势不乐观的情况下，其商务交往仍十分活跃，多数小微企业仍能保持较好的经济效益。无论是大企业还是小企业，经销商都不要放弃，如理发店、照相馆、送水站、水果蔬菜商贩等基本都是靠手艺、靠力气吃饭的群体。即使这样，此类小微企业仍不能放弃。因为这类小微企业中的老板、员工家中一定会有红白喜事，有红白喜事就必然要消费白酒，所以这类小微企业也是团购的潜在客户。

我们发现：团购是一个很大的概念，基本可以涵盖除传统渠道以外的所有领域。这个概念告诉我们，直接面对最终消费者，白酒团购就会有希望。这样的团购市场是一个更大、更广的市场，是一个更有开发潜力的市场。

企业或经销商一定要像开发传统渠道一样，系统地开发小微企业。一定要像维护团购客户一样，系统地维护小微企业。从这个角度讲，传

统渠道与团购之间就没有明显的界线，让渠道业务员参与开发此类团购客户或许优势更明显。开发小微企业客户远比开发大中型企业客户容易得多，至少你可以直接见到企业老板，决策过程相对简单；而大中型企业不同，不仅很难见到老板，就是决策过程也很复杂，哪个环节疏忽了，都有可能前功尽弃。开发小微企业这类客户的成本远比开发传统渠道所需要的成本低，没有所谓的进店费、条码费、陈列费等。小微企业这类客户喜欢“群聚”，如建材一条街、汽配一条街、五金一条街、电脑城等。业务员可以划区分片，确定责任区，以“扫街”“扫楼”的方式进行拜访。通过定期拜访，按计划送酒品尝，让客户了解厂家、了解产品。

了解客户的需求，提供个性化的服务、超值服务是取胜的关键。按照一般的商业规则，这种“一对一”的服务，更容易让客户对品牌产生好感和保持较高的忠诚度，成为产品忠实的、固定的消费者。

通过白酒团购阐述一种理念，这种理念就是尽可能地拉近与最终消费者的距离，把产品直接销售给最终消费者，既然小微企业有这种需求，我们为什么不行动呢？这一点电子商务做到了，许多厂家、产品也在做这样的尝试，只是白酒团购仍保持着矜持。市场的现实告诉我们：必须抛弃传统的思维和模式，以创新的思维、创新的渠道、创新的服务来面对全新的市场、全新的时代，这样才能赢！

## 三、中低端白酒乡镇市场如何做

随着消费渠道的下沉，乡镇市场逐渐成为中低端白酒青睐的市场，各个企业和经销商均想在乡镇市场分一杯羹。很多企业和经销商认为，乡镇市场终端相对容易操作、民风淳朴，很少提出难以满足的需求。除此之外，节假日消费比较明显，很多店铺把产品以堆头形式展示在门口进行销售。由此可见，在一个乡镇市场实现销售增量并非难事，那么企业和经销商如何打开市场？如何培育乡镇市场的消费者？如何在乡镇市场构建根据地呢？笔者通过自己的白酒营销经验和行业大环境变化进行总结，以供分享。

## （一）目前中国乡镇白酒氛围的基本概况

• 整体白酒消费潜力巨大，人口密集，具有一定的带动性。

• 全国乡镇数量众多，有 30000 多个乡镇。

• 乡镇消费逐步升级，持续推进的城镇化进度。

• 每年大部分务工人员返乡，在城市的生活消费培养了一定的品牌消费概念，尤其是白酒消费的品牌概念逐步增强。

• 乡镇市场的乡镇企业比较集中，代表性强，在乡镇的白酒团购消费明显。

• 品牌竞争格局相对简单，乡镇市场很少存在强势垄断的现象。

• 乡镇二批商功能强大，几乎可以覆盖乡镇的全部渠道、村庄和店铺。

## （二）乡镇市场调研及核心数据搜集

• 搜集乡镇市场的基础数据，包括乡镇人口、村庄数量、消费能力、白酒有无销售集中区等。

●搜集终端网点，包括各个村庄的网点数量，将餐饮店、烟酒店、小超市的数量数据分开。

●消费习惯：婚宴用酒、寿宴用酒、升学宴用酒、日常聚饮等。

●最具影响力的宣传方式：墙体广告、公交车广告、电视广告。

●赶集习俗：赶集日。

●家庭三大件：电视、空调、电动车。

●意见领袖：村主任、乡镇大村等。

●流行性品牌：主销品牌、同价位主销产品、渠道模式、老百姓购买理由、宣传方式。

## （三）根据市场分析导入的产品类型和销售模式

乡镇市场调研完毕后，要分析乡镇市场的整体消费水平，再决定在本乡镇主推的产品类型。同时分析县（市）经销商的物流能力、终端掌控能力和组织管理能力，再决定采取直销模式还是直分销模式。

烟酒店：主干道、村道上选择多家店，可由分销大户协助开发。餐饮店：选择乡镇最具代表性的一家餐饮店、酒楼作为品鉴基地、宴席基地，同时选择农家乐导入产品。

## （四）选好商家、终端就能成功50%

优质经销商一般具备网点覆盖率高、餐饮渠道资源优势明显、下辖的每个行政村都有自己的销售网点的特点。比如意向经销商有没有自己的销售渠道网络？有没有专门的送货员兼业务员？对产品的销售意愿是否强烈？这都是选择乡镇合作客户的关键点，如表1－8、表1－9所示。笔者认为，与乡镇经销商合作的内容主要包括：

● 选择在当地代理啤酒、饮料等品牌的分销商；利润较薄，销售季节性明显；互补性高，渠道资源共享，降低进场难度。

● 与分销商签订分销协议，沟通确定销售任务、产品种类、价格体系和市场义务等，明确双方的权责利，保障其合法权益。

● 采取价差加月返、季返和年返的形式。到期及时兑付，调动分销商开发市场的积极性，建议暂时不采用价差。

● 安排固定的业务员跟进和对接，及时解决问题，与分销商共同开发市场。

● 也可选择当地乡镇一些大的批零兼营的大超市。

**表1－8　不同商家运作策略**

<table>
<tr><th>分类</th><th>特征</th><th>销售对象</th><th>运作策略</th></tr>
<tr><td>乡镇二批商</td><td>经营时间久，实力较强，人际关系好，客户稳定，团购及批发生意都不错，有些甚至还代理白酒品牌</td><td>民营企业单位、婚宴</td><td rowspan="2">需要拓展型的店，是合作重点，做好有计划的投入、精心运作的准备</td></tr>
<tr><td>B类名烟名酒店</td><td>具有一定实力，没有固定的主推产品，追求高利润</td><td>民营企业单位、婚宴</td></tr>
<tr><td>C类名烟名酒店</td><td>实力较弱，以零售为主，勉强维持经营</td><td>居民、散客、婚宴</td><td>一般性合作、选择性合作，根据地理位置优势，老板思想可引导培育</td></tr>
</table>

续表

| | 特征 | 销售对象 | 运作策略 |
|---|---|---|---|
| 乡镇中型超市、零售副食店 | 品类齐全，可满足日常生活所需，有二批商性质，向村级网点销售，常入驻宴席市场 | 乡镇居民、附近村庄居民、村级批零店、婚宴 | 以家庭经营为主，强化与老板、老板娘的客情，提供较好的利润，形成第一推荐力。营造终端氛围，关注陈列、门头、堆码等 |
| 村级批零店 | 有固定的顾客，熟人生意，事宴为主要销售来源，没有固定的主推产品 | 乡镇居民、村庄居民、婚宴 | 以家庭经营为主，强化与老板、老板娘的客情，提供较好的利润，形成第一推荐力。营造终端氛围，关注陈列、门头 |

**表1－9　不同终端运作策略**

| 分级 | 营业面积 | 特征 | 销售对象 | 运作策略 |
|---|---|---|---|---|
| AB类酒店 | 500～1000$m^2$ | 注重形象建设，主要承办乡镇中高档商务消费与宴席消费 | 民营企业、婚宴 | 1. 抓住酒店经营核心关键人群<br>2. 运作核心形象产品及市场主销产品，突出产品档次<br>3. 运作重点放在品牌宣传层面，全面提供酒水单、椅套、KT板、指示牌、橱窗贴等常规生动化物料<br>4. 重点运作促销推广 |
| CD类酒店 | 200～500$m^2$ | 常规宴请、家庭聚会消费为主 | 居民、散客、婚宴 | 重点运作市场主流价位产品<br>做好终端氛围营造工作 |

续表

| 分级 | 营业面积 | 特征 | 销售对象 | 运作策略 |
| --- | --- | --- | --- | --- |
| 乡镇农家乐、特色餐饮 | 100～200$m^2$ | 以露天、家庭经营为主，主营烧烤、龙虾、海鲜、特色小吃等 | 流动人群、居民、散客 | 1. 以家庭经营为主，以老板、老板娘的推荐形成销售和主推动力<br>2. 强化与老板、老板娘的客情，提供较好的利润，形成第一推荐力<br>3. 后期逐步强化品种的唯一性 |

## （五）终端建设是基础，氛围营造是辅助

### 1. 1＋1＋N 终端建设原则

- 1 条街 1 个大店辐射 N 个小店，突击队辅助大店集中开发。
- 大店小店进货要现金。
- 大店专柜陈列，小店大排面陈列。
- 大店多压货，小店少进货。
- 价格要统一，差距靠奖励。

流通渠道运作分为两个阶段。首先，布局核心网点，形成联盟体让一部分核心店赚钱，提高产品的推荐力；其次推荐力越来越强的时候，再扩大网点的数量，产品逐步在乡镇起量。

## 2. 铺市基本原则

- 三定：定渠道、定销量、定时间。
- 组合产品，铺市区域模块化。
- 终端网点提前分级，一店一策。
- 组建铺货小队，快速完成第一轮扫盲。
- 扩充基础终端，连点成线、连线成面。

## 3. 终端氛围营造

终端氛围营造如表 1－10 所示。

**表 1－10　终端氛围营造**

| 位置 | 物料选择 | 核心店 | 陈列店 |
|---|---|---|---|
| 店外 | 门头 | 选择（喷绘） | 可选择 |
| | 条幅 | 选择 | 选择 |
| | 海报 | 选择（100 张） | 选择（50 张） |
| | 包柱/围膜 | 选择 | 选择 |
| | 空箱陈列（箱贴） | 选择 | 可选择 |
| 店内 | 门型展架 | 选择 1 个 | —— |
| | 堆箱陈列（箱贴） | 选择 | 箱贴选择 |
| | 说明：堆箱陈列需做到开箱开盒开瓶，有箱贴、价签 | | |
| 墙面 | 精致相框 KT 版 | 选择 6 个 | 选择 |
| 产品陈列架 | 价签 | 选择 | 选择 |
| | 产品陈列 | 24 面（1×6＋2×6＋1×6）选择 | 18 面（1×6＋1×6＋1×6）选择 |
| | 促销提示卡 | 选择 | 选择 |

## （六）团购做开道、品鉴做助推、餐饮辐射

在乡镇网点布局之前首先启动团购渠道，寻找核心意见领袖。培育过程中，大量公关核业企业主、乡镇民营企业负责人等。在意见领袖带动喝酒的过程中，再进行市场铺货就容易得多（铺市陈列、渠道促销）；当市场销量逐步提高，经销商将自身团购资源转移给核心大户，获取大户的信任，大户也将自身资源倾斜给经营品牌，彼此实现利益最大化。

乡镇市场的餐饮店，筛选核心店运作，在流通渠道逐步放量的过程中，餐饮店自然会要货。餐饮店一部分为经销商直接供货，一部分为核心商辐射供货。

## （七）层级设置、动力分配、责任划分、秩序管控

- 分销配送能力强的客户，签订包量协议分为 100 万元、50 万元、30 万元三个等级，年底给予 3% ~5% 的奖励。
- 经销商团队直接运作市场，小户的销量计入大户销量（这个过程是私下完成，彼此信任很关键），年底享受达量奖励，但要求大户将自身经营产品销量至少提升 30%，才将小户销量计入大户销量。
- 产品销售：分销户完成自身销量，同时协助经销商完成小户的销量任务。
- 临时配送及调换货：临时需求，经销商不能及时到达时，通知大户送货或小户从大户处借调。

- 价格监督：大户协助经锖商完成自己网格化片区的价格监督，告知经销商哪家低价卖货，由经销商进行处理。
- 外货监督：大户协助经销商完成自己网格化片区的外货管理，通知经销商哪家窜货了、哪里来的货等，经销商再进行查处。

以上为笔者对中低端白酒盒装产品乡镇市场运作的一些想法和思路，乡镇市场作为产品增量强有力的核心市场，也是在激烈的市场竞争环境下操作相对容易的细分市场，希望本书对经销商和企业有一定的帮助和启发。

## 四、如何做高尔夫社群营销活动

高尔夫社群作为白酒消费的“高端社群”，一直是高端品牌和次高端品牌关注的焦点，更是产品销售和消费者口感培育的重要场景。面对目前竞争激烈的行业态势，无论是酒水企业还是酒水经销商，他们不得不思考如何将有限的资源聚焦于目标消费群体，变“满天撒网”为“精准出钩”。

在物质供给紧张的阶段，生存是第一位的。摆脱该阶段，满足情感与归属的社交需求将被激发，拥有相同或相似的消费标签将成为一种标识。本书主要是笔者对高尔夫社群营销的一些思考，也是参与了一部分高尔夫社群的营销活动的经验总结，希望对经销商朋友有一定的参考和借鉴意义。

### （一）高尔夫社群基本分析

如图1-1至图1-3所示，高尔夫人群多为身居要职的中年男性，是各行各业的意见领袖，也是高端白酒的核心消费群体，具备一定的消费引领作用。

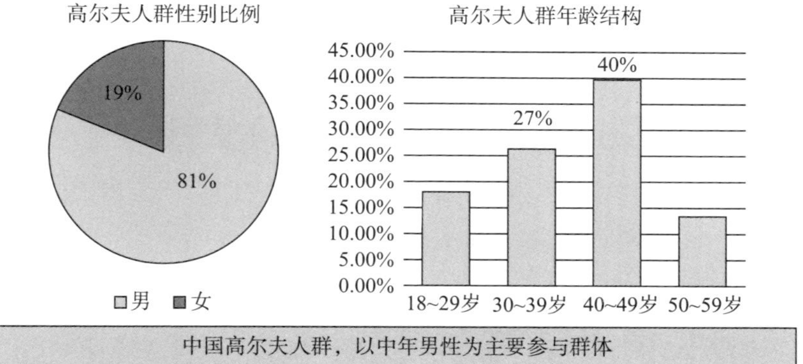


**图 1－1　高尔夫人群性别比例、年龄结构**

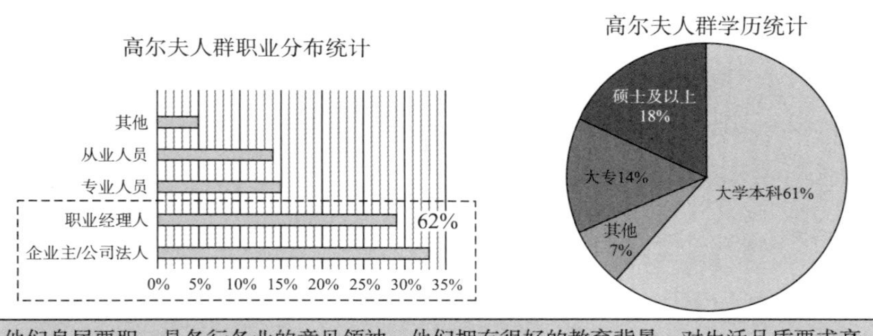


**图 1－2　高尔夫人群职业、学历统计**

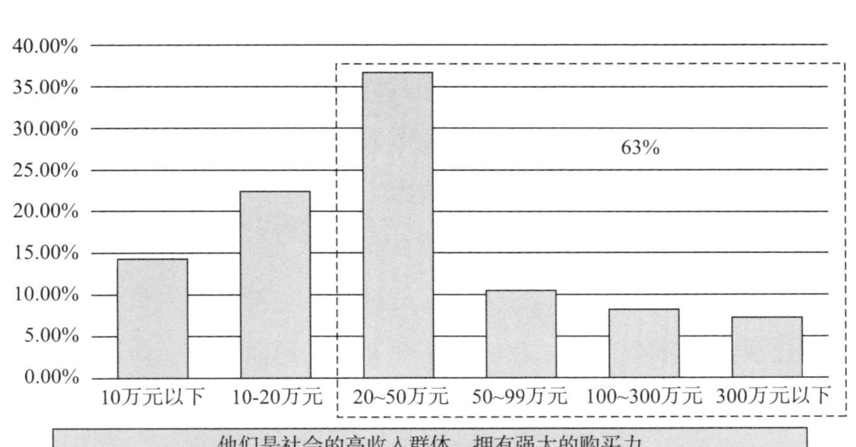


**图 1－3　高尔夫人群年收入统计**

## （二）××品牌经销商高尔夫社群营销活动九步走

**第一步：定社群、选高层、做品鉴**

××品牌××区域经销商运营××中的高端品牌，作为白酒行业竞争较激烈的××市场，再加上品牌本身价位较高，很难在短时间内形成一定的销售氛围。因此，经销商并未采取传统的“分销—终端操作—销售”的基本路径。在产品到仓后，并未直接铺市、卖货。经销商直接利用个人资源邀请部分协会的核心骨干开展一桌式品鉴会（只品酒、不卖酒），主要邀请对象为高尔夫协会的会长、副会长等。（经销商本人是本区域高尔夫协会的核心骨干成员）经销商直接成为本品牌的业务员，前期推进本品牌的高尔夫协会领导的口感培育。

**第二步：增频次、筛人员、强认知**

本品牌××经销商针对参加品鉴会的人员，会后电话询问对产品的感受，并登记每个人的意见和建议。侧重具有好感的核心人员，并且多频次增加本品牌的品鉴，强化在这些人群中的消费口感认知。在前期本区域高尔夫协会的部分人员中，已经形成了消费者认知。

**第三步：赠酒、扩面、提升影响力**

本品牌××经销商筛选最有品推价值的人士，每人赠送5件样品，并且要求他们请客吃饭时向身边的人员推荐。在被送酒人员参加饭局期间，间接成为品鉴会现场，邀请本品牌××经销商参会，向其他人员介绍产品的优势和特点，进一步扩大对其他特殊系统人员的影响力。

**第四步：筹活动、邀领导、做站台**

此活动开展约2个月后，××品牌××经销商开始筹备“××品牌

××区域高尔夫邀请赛”，同时邀请企业老板、高尔夫协会会长、媒体电视台、行业杂志等人员站台。从活动的背书、影响力、参与嘉宾的层级、会议场地选择、活动流程、奖项设置等方面进行考虑和规划，把活动的效果最大化。

**第五步：开展活动、营造氛围**

××品牌××经销商与××广告执行公司合作，在本区域最高档高尔夫会所开展“××品牌××区域高尔夫邀请赛”。会所的场外、场内、大厅、高尔夫球杆、休息区、参会人员服装、现场活动展架、航架、颁奖区等区域和环节均包含本品独有的 IP 化内容，让参会人员切身感受本次活动的高端性、独有性和参与性。

**第六步：品牌强化、提升认知**

“××品牌××区域高尔夫邀请赛”现场核心流程主要包括：重要来宾讲解品牌的优势、经销商讲解××市场发展规划、本次高尔夫邀请赛评奖标准、现场晚宴和订货政策等。在参与高尔夫邀请赛活动的同时，不断强化品牌的优势和特性，增加现场销售环节。（活动结束后，参会人员均订购了一定金额的产品）

**第七步：活动颁奖、领导总结、媒体推广**

在“××品牌××区域高尔夫邀请赛”的颁奖晚宴上，还向广大高尔夫协会成员和部分意向客户再次重申现场订货政策，作为本次邀请赛最后一次认购宣讲。比赛的各个奖项得主名单也在晚会上出炉，并由相关人士为他们颁发丰厚的本品牌奖品。在活动即将结束时，媒体的宣传软文马上出炉，在微信公众平台、行业公众平台、微信朋友圈等媒体进行软性推广。

**第八步：再跟进、建圈子、推品牌**

××经销商后期直接作为本品牌的业务员，单独服务本品牌的核心消费者、团购单位和核心意向客户。以高尔夫协会的小盘，逐步完成大盘布局。此时已经有部分终端烟酒店开始寻找本品牌的代理商，要求进货，同时经销商构建了“本品牌核心客户微信圈”，不定期在圈内开展一些小型品鉴活动和高尔夫活动，多频次地与核心客户互动。

**第九步：开上市会、导入市场**

后期××品牌经销商不断加大在特殊会销系统的动作，4个月以后在××市场举办××品牌财富峰会暨上市发布会，全面向终端和消费者导入本品牌产品。再次邀请大型民营企业核心领导、媒体、××核心消费高层前来参会，逐步打开本区域市场的销售网络。

本活动是通过“高尔夫协会”小社群的影响力，逐步扩大品牌影响力，带动大盘销售的案例。在这个营销环节中，经销商的资源的作用至关重要，经销商也可以放下“身段”作为这个品牌的直接业务员。白酒的特殊社群，除了高尔夫社群还可以和美术家协会、书法家协会、省（市）商会、汽车俱乐部等社群联合。在目前的白酒行业态势下，没有任何捷径可以走。

## 五、社群营销之“车贴送酒”

近几年，白酒市场消费者培育动作逐步升级，黑格智业集团董事长徐伟最先提出的“白酒社群营销”被诸多酒企和商家应用，效果比较明显，对产品销售、品牌推广、消费者培育至关重要。

其中，“车贴送酒”就是社群营销中一种直接有效的推广形式，主要利用目前私家车的广告效应，通过私家车车主贴广告车贴，企业（商家）赠送一定的酒水作为回报。此形式不仅可以使品牌和消费者形成直接互动，无形中也在培育消费者的口感，让一部分人先行品鉴，还可以为业务员的终端客情营造一种市场氛围，便于后期业务员终端铺货与动销工作的推进。笔者对目前市场上用此形式操作比较好的品牌进行总结，全方位解析操作流程和关键点，以供商家参考。

## （一）“车贴送酒”活动前期八项准备工作

- 确定活动开展的区域、起止时间、活动地点。
- 确定活动的形式（企业主导、商家主导、厂商合作开展）。
- 确定赠送的产品、数量、日期、流程。
- 确定活动开展的执行人、监控人。
- 确定活动的主题、推广形式（前期宣传形式）。
- 制作活动开展过程中所需的全部物料（宣传物料、活动物料）。
- 确定活动开展后的审核流程。
- 活动开展后，关于后期的车主营销工作（转换销量的动作）。

## （二）“车贴送酒”活动开展区域、起止时间选择建议

建议以地级市、县城为活动开展区域，在产品导入期开展活动效果较好。

活动开展时间各区域按照实际情况，赠酒时间以周末为宜，且活动持续时间 1 ~ 3 个月，期间包含活动推广时间和执行时间。

### （三）“车贴送酒”活动地点选择建议

关于“车贴送酒”活动地点选择，笔者建议：第一，经销商门店门口。第二，本区域核心的烟酒店、商场、超市门口。第三，城市中心广场。这些区域都是最佳地点，商家可以根据自己的实力多地点开展活动。

### （四）“车贴送酒”活动赠送产品选择

关于“车贴送酒”活动赠品，笔者建议两种：品鉴酒和小瓶装酒，核心目的是降低成本。

### （五）“车贴送酒”活动主题选择和车贴形式

关于“车贴送酒”活动主题选择，笔者认为主要以品牌广告语和本次活动内容主题为主，切勿使用一些文绉绉的推广语，控制在 10 个字以内。

车贴形式一：后视玻璃半透，约占玻璃二分之一，不影响视线。如图 1 –4 所示。

图 1－4　车贴形式一

车贴形式二：车体外门车贴。如图 1－5 所示。

图 1－5　车贴形式二

## （六）“车贴送酒”活动主要面对的客户人群

本区域内私家车车主，尽量以中级车为主，面包车和北斗星车型不参与活动。

## （七）“车贴送酒”活动政策制定（示例）

考虑到“车贴送酒”渠道的宣传效果，笔者建议赠送产品以时间为区隔，分三次兑付。如表1－11所示。

**表1－11 “车贴送酒”活动政策**

| 活动政策 | 赠送产品 | 兑现日期 |
| --- | --- | --- |
| 活动期间，张贴××品牌推广车贴当场领取两瓶××品牌品鉴酒，满一个月后可二次领取两瓶，满两个月后可三次领取两瓶成品酒，后续不再领取 | 品鉴酒 | 当日 |
| | 品鉴酒 | 次月本日 |
| | 成品酒 | 次次月本日 |

备注说明：前两次赠酒可使用品鉴酒或者小瓶酒，最后一次尽量使用成品酒，促使参与活动的私家车车主不撕掉车贴。参与活动车辆，必须在活动期间全程粘贴车贴，不得提前撕掉车贴，否则取消后期领奖资格。活动每人每车仅限一次，不得重复参加，为防止车辆重复参与，活动期间必须对车主信息及车牌号进行数据库管理。

## （八）“车贴送酒”活动执行流程

第一次活动流程如表 1－12 所示。

**表 1－12　第一次活动流程**

| 步骤 | 内容 | 地点 | 负责人 | 备注 |
| --- | --- | --- | --- | --- |
| 1 | 客户到访，店铺人员引导停车 | 外场 | 业务员 | |
| 2 | 业务员接待客户 | 内场 | 业务员 | |
| 3 | 活动细则介绍 | 内场 | 业务员 | |
| 4 | 客户填写活动申请表 | 内场 | 业务员 | |
| 5 | 领取车贴及贴车贴 | 内场＋外场 | 业务员、前台 | |
| 6 | 赠送奖品＋合影留存 | 外场 | 业务员 | |
| 7 | 告知车贴完成及车贴后续注意事项 | 外场 | 业务员 | 突出车牌号、车贴 |
| 8 | 送客 | | | |
| 9 | 建立客户信息数据库 | 内场 | 前台 | |

后续活动步骤如表 1－13 所示。

**表 1－13　后续活动步骤**

| 步骤 | 内容 |
| --- | --- |
| 1 | 前台提前一天联系即将到期的客户 |
| 2 | 客户到来，查看客户的车贴是否完好 |
| 3 | 如保存完好，进行二次兑奖 |
| 4 | 客户签字，拍照留存 |
| 5 | 送客 |
| 6 | 客户信息数据库更新 |

**备注说明：所有产品的核销，必须有车辆详细信息、车主联系方式、车主和后视贴的合影等，尽量保证费用合理有效地使用。**

## （九）“车贴送酒”活动推广形式

### 1. 微信传播

业务员和经销人员利用微信在朋友圈中推送车贴送酒的消息，从而快速传播，迅速传达给潜在消费者。同时，可以在本地一些主流的公众号平台适当投放广告。

### 2. 线下物料传播

线下通过在烟酒店、餐饮店投放横幅、海报等生动化物料传播活动信息，还可以配合一些地面推广活动宣传产品和车贴送酒活动。

### 3. 电话、短信联系

通过地区黄页索取本地区的企业联系方式，或者通过其他途径获取有效的本区域信息。经销商的前台人员根据联系方式进行电话拜访，传达本次活动信息。

### 4. 公司内部宣传

利用公司内部资源，要求有车的人员带头参与车贴送酒的活动，同时要求其让亲朋好友前来参与活动。

### 5. 终端老板宣传

向所有终端店的老板宣传车贴送酒的信息，并且要求其在朋友圈转发，或者直接通知身边有车的朋友前来参与此活动。

关于“车贴送酒”的推广形式，笔者认为不需要花费太多的市场投入，以简单易操作形式和线下的推广物料为主即可。

## （十）“车贴送酒”活动执行人及工作职责

**厂家区域经理：**

- 与区域代理商沟通，确保代理商积极配合（出人、出场地）。
- 跟进活动，确保活动持续进行。
- 统计每周活动的效果并汇报。

**厂家业务代表：**

- 协助经销商开展活动并张贴车贴。
- 注意拍照片留存并汇报。

**商家：**

- 负责制作活动物料。
- 负责搜集本区域的黄页。

- 定期出人、出场地，推进活动落地。

## （十一）“车贴送酒”活动转换销售三步走

第一，所有参与车贴送酒的车主除了免费领取品鉴酒（成品酒），还额外获赠一张××品牌团购8折优惠卡，车主在后续购酒的过程中可以享受折扣优惠和送酒上门服务。

第二，公司统一建立××品牌车友微信群，针对车友会员不定期在群中发布公司的优惠活动及线下活动，将其培养成为核心客户群体。

第三，将参与活动的车主发展成为“××品牌品鉴顾问或团购代言人”，可以给予一定的奖励，扩大团购的购买范围。

以上是笔者关于“车贴送酒”活动的一些见解，此活动看似简单，但操作不易。此活动“主宣传次销售”，对一些新产品上市有较好的市场效果。在操作过程中，商家必须做好整体规划，注意其中的每一个细节。

**附：“车贴送酒”登记表，如表1－14所示。**

**表1－14　“车贴送酒”登记表**

| ××品牌××区域“车贴送酒”活动登记表 | | | | | | | | |
|---|---|---|---|---|---|---|---|---|
| 序号 | 姓名 | 电话 | 车辆品牌 | 型号、颜色 | 车牌号 | 第1次奖品 | 第2次奖品 | 第3次奖品 |
| | | | | | | | | |
| | | | | | | | | |
| | | | | | | | | |
| | | | | | | | | |
| | | | | | | | | |

# 六、这样做免品活动

免品活动是新产品上市初期或者老品升级后，结合市场基本情况，在指定的场所开展的关于消费者培育的市场活动，从而培养消费者对产品的口感认知和品牌忠诚度。经常有商家咨询笔者，我们的产品都铺下去了，终端政策也给了，消费者促销也做了，可是动销很慢，如何解决？笔者认为，主要的表象问题是产品不动销，而不动销背后隐藏的根本原因是消费者培育动作的缺失。在目前市场竞争如此激烈的态势之下，白酒免品活动可以更直接地和消费者互动，培养产品和品牌的消费氛围和消费习惯，维护参与免品活动的终端客情，并提高终端推荐的意愿和动力，让消费者品尝产品，从而实现后期购买。

免品活动是白酒品牌对消费者的免费品鉴，并非免费赠送。那么免品活动如何操作？免品时间如何确定？免品地点如何选择？免品人员如何配备？

## （一）免品活动开展的地点选择

### 1. 餐饮终端店内

餐饮终端作为免品活动的首要选择场所，尽量在特定区域内选择当地具有一定口碑、特色、上客率较高、饮酒氛围比较好的酒店。同时，还要考虑餐饮终端的档次和产品的价位是否匹配。笔者建议，选择当地排名前十的B类餐饮店或者主题农家乐作为首选餐饮终端。

### 2. 夏天烧烤大排档、夜市、啤酒广场

夏季是夜市消费的旺盛时期，夜市也是消费群体比较集中的场所，所以在夜市、啤酒广场、烧烤大排档内做白酒推广也是比较重要的工作。这些夜市消费场所其实和餐饮终端类似，都是可以直接把酒喝掉的地方。在产品导入期，经销商可安排专业人员在夜市或啤酒广场内进行白酒产品的免费品尝活动或有奖竞猜活动，增强消费者参与性，提高白酒品牌的活跃度，加强消费者对白酒品牌的认知。尤其是一些光瓶酒（10～30元/瓶）新产品导入，夜市、大排档的免品活动是比较有效的活动方式。

### 3. 乡镇市场中心街超市（烟酒店）门口

乡镇市场作为白酒消费者的增长点，一直是商家关注的焦点。对于一些县级经销商来说，乡镇的市场氛围构建至关重要。在乡镇开展免品活动，可选择乡镇十字路口的超市（烟酒店）门口，客流量比较大、人群比较集中，宣传效果比较好。如图1－6所示。

图1－6　乡镇市场中心街超市（烟酒店）门口

### 4. 核心社区门口或者广场

在核心社区门口或者广场开展免品活动，不建议在新产品导入期开展，因为适用于老产品升级换代新产品。品牌有一定的知名度，适合在社区门口或者广场活动的消费人群。笔者建议，不要只做免品活动，尽量配合一定程度的买赠活动，抽奖赠品可以为酱油、醋或生活超市的优惠卡等，增强消费者的参与性。在社区或广场内做白酒产品的免品活动同时，可以将赠送的优惠卡与区域市场的大型生活超市联合。如图 1－7 所示。

图 1－7 核心社区门口或者广场

## （二）免品活动开展的时间选择

不同场所的免品活动，由于面对的主要人群不同，开展的时间也有差异，要区别对待。如表1－15所示。

表1－15　免品活动开展的时间选择

| 序号 | 免品活动场所 | 时间 | 备注 |
|---|---|---|---|
| 1 | 餐饮终端店内 | 中午：11：30－1：30<br>晚上：5：30－8：30 | 周五晚上、周六、周日最佳 |
| 2 | 夏天烧烤大排档、夜市、啤酒广场 | 晚上：6：00－12：00 | 全日开展 |
| 3 | 乡镇市场中心街超市（烟酒店）门口 | 下午：3：00－5：00 | 周六、周日 |
| 4 | 核心社区门口或者广场 | 下午：3：00－5：00 | 周六、周日 |

备注说明：地域特色不一样的区域可另行选择免品活动开展时间。

## （三）免品活动开展规模和频次

免品活动开展规模和频次如表1－16所示。

表1－16　免品活动开展规模和频次

| 序号 | 免品活动场所 | 活动规模 | 活动频次 |
|---|---|---|---|
| 1 | 餐饮终端店内 | 市级市场10～15家<br>县级市场8～10家 | 一周至少2次，每月至少6次 |
| 2 | 夏天烧烤大排档、夜市、啤酒广场 | 市级市场10～15家<br>县级市场8～10家 | 一周至少三晚，每月至少12晚 |
| 3 | 乡镇市场中心街超市（烟酒店）门口 | 以县级市场为基本单位，3～5个 | 一周至少两次，每月至少6次 |
| 4 | 核心社区门口或者广场 | 以县级市场为基本单位，3～5个 | 一周至少两次，每月至少6次 |

## （四）免品活动适应规格产品和场所

免品活动适应规格产品和场所如表1－17所示。

**表1－17　免品活动适应规格产品和场所**

| 序号 | 免品活动场所 | 适应规格产品 |
| --- | --- | --- |
| 1 | 餐饮终端店内 | 小瓶装为主，一斤装为辅 |
| 2 | 夏天烧烤大排档、夜市、啤酒广场 | 小瓶装为主，一斤装为辅 |
| 3 | 乡镇市场中心街超市（烟酒店）门口 | 一斤装为主，小瓶装为辅 |
| 4 | 核心社区门口或者广场 | 一斤装为主，小瓶装为辅 |

关于小瓶装产品参与免品活动的特别说明：小瓶酒的销售基本无淡旺季之分，所以在白酒销售的淡季，加强小瓶酒的推广是增加销量的主要工作之一。利用小瓶品鉴酒带动大瓶酒消费，也可以赠品的形式将小酒带入市场。

## （五）免品活动开展流程（以餐饮终端为例）

- 提前同酒店负责人沟通好活动时间、免品赠送桌数，便于活动执行时双方配合得更好。
- 要求酒店配合，提前将免品活动时间、政策通过门头LED、海报等形式传播出去；楼层经理或者大堂经理提前将相应的活动在酒店的熟客微信群里帮忙宣传，同时配合发红包的形式激活群的氛围。
- 核心酒店促销活动前相应的物料准备，易拉宝不少于3个，堆箱的围布、折叠桌等，促销人员必须统一着装、佩戴工牌；易拉宝上宣传相应的活动政策，分别放置在酒店门口处、堆箱前、电梯口等显眼位置。

● 必须有显眼位置的堆箱，堆箱位置选择在酒店吧台旁边或大厅中间显眼处，要求不少于2箱实箱，堆箱上放置酒盒、裸瓶，外箱上粘贴上爆炸贴，并且做到美观；堆箱前铺展喷绘围布，围布上宣传相应的活动；免品赠送的酒瓶需要相应的特殊标记，区别于市场上销售的产品，严禁任何人侵占促销产品。

● 针对酒店菜金满××元的包厢消费者可免费获赠××品牌产品一瓶，每店仅限前××桌（免品赠送每晚前2桌或3桌，具体情况可另行制定），必须由商家人员或者商家的促销员赠送，不允许委托酒店直接赠送。

● 活动开展过程中需要配备专业的品牌宣讲说辞和产品优势标准话术，可提前对免品活动工作人员进行系统培训。

**其他场所免品活动开展流程可参照以上流程制定。**

## （六）免品活动过程中的配合活动

在免品活动开展过程中，为了使品牌更加深入人心，可以配合一下其他活动。例如：购酒抽奖、购酒刮奖、幸运转盘、赠送代金券、现场砸金蛋、白酒新式喝法（加冰、加雪碧、加红茶等）、白酒文化视频宣传、消费者互动等活动。

## （七）免品活动人员配备和相关职责

免品活动人员配备和相关职责如表 1－18 所示。

**表 1－18 免品活动人员配备和相关职责**

| 序号 | 免品活动场所 | 基本配备人员 |
| --- | --- | --- |
| 1 | 餐饮终端店内 | 1～2 人 |
| 2 | 夏天烧烤大排档、夜市、啤酒广场 | 2～3 人 |
| 3 | 乡镇市场中心街超市（烟酒店）门口 | 3～5 人 |
| 4 | 核心社区门口或者广场 | 2～4 人 |

**企业区域经理人员工作职责：**

● 负责调查和审核核心酒店的免品条件。

● 与区域代理商沟通，确保代理商积极配合（出人、出力、出车）免品活动。

● 跟进活动的进程，确保活动持续进行。

● 统计每周、每月免品活动的效果并汇报。

● 和终端负责人沟通免品活动的事项，确保免品活动进店。

● 免品活动的实施，在规定时间内开展免品。

**商家自身工作职责：**

● 负责制作免品活动物料。

● 定期出人、出力、出车落实免品活动。

● 按照企业要求规划免品活动计划。

● 配备专职的服务团队。

以上是笔者针对白酒免品活动如何开展、如何执行的操作心得，希望对商家有一定的帮助。笔者认为，免品活动是一种比较直接和有效的品牌推广形式，动作简单易操作，比较适合不同层级的酒水商家。

## 七、白酒的团购后备厢工程

当前白酒行业竞争加剧，动销缓慢，终端为王的时代正在终结，酒企纷纷将目标瞄准目标消费者，消费者培育成为主旋律。政务类销售受到抑制，但其消费引领作用不容小窥，尤其是对中高端白酒的引领作用更加凸显。

洋河在发展过程中打造的后备厢工程，针对江苏籍在外地的老乡展开赠酒活动，起到了很好的带动作用。以在郑州市场的打法为例，把江苏宿迁在郑州有一定社会地位的成功人士，通过召开“江苏籍在郑州工作人员联谊会”，即同乡会的形式，把这些在外地有资源的人士召集起来。有了这些同乡的社会资源，洋河酒定期给这些在郑州的有资源的老乡送酒，2～3 个月送 2～3 箱。这些人享受一定数量的免费赠酒，都会放到自己车内的后备厢，与朋友聚会、请客送礼、家人小聚等，都从后备厢里拿出“家乡酒”，并大力向亲朋好友推荐。随着后备厢工程的逐步推进，洋河品牌也在河南市场逐步培育了一部分中高端消费群体，为洋河品牌在河南市场立足起到至关重要的作用。笔者对洋河品牌的后备厢工程和其他品牌在此消费者培育活动的经验进行总结，整理成文，以供参考。

## （一）后备厢工程赠酒对象选择

- ××省（市）在××省（市）区域的商界联谊会相关召集人。
- 目标区域的大中型企业的高层等。

## （二）后备厢工程赠酒标准

- 根据客户情况设置客户等级，按等级情况予以赠送。
- 目标区域的大中型民营企业领导赠酒，连续3个月赠酒，每次赠酒1件。

## （三）后备厢工程赠酒时机选择

原则上，赠酒要树立产品价值感，必须有合适的时机赠送，让客户能够感觉企业（或个人）的关心，而不显得突兀。

- 固定赠送：传统三节必赠，如端午、中秋、春节。
- 核心关键人特殊节日作为礼品赠送，如其生日、结婚纪念日、晋升、乔迁等。
- 活动过程中赠送：核心大客户参加品鉴会或回厂游都可以顺便赠送。

●特殊公关赠送：根据情况，连续赠送3个月，每月1件，附送其他礼品，以达到公关目的。这种情况适用于新客户开发或重点客户公关。

## （四）后备厢工程赠酒产品选择

●企业主导的高端产品。

●企业主导的中高端新产品。

●企业主导的定制化产品。

## （五）后备厢工程赠酒方法

●团购业务在开展赠酒（卡）之前，首先对赠酒客户及数量进行规划，填写《团购客户赠酒申请表》，并附《客户明细表》。

●审批通过后，根据申请表的数量，领取品鉴酒卡（礼品卡上注明送货业务电话及卡券兑换数量）。

●在目标团购关键人拜访或我司活动开展过程中发放礼品卡，在指定地方领取（后期可在直营的××专卖店领取）。

●赠酒对象根据需要提前打电话至团购业务，由督导协同团购业务或司机送至指定场所。

## （六）后备厢工程赠酒流程

• 专人跟进：赠酒作为客户开发的第一步，并不能产生更多的互动，通过专人的跟进和服务，让目标客户更多地了解企业及产品，树立信心，提高客户满意度等。

• 档案管理：建立健全团购客户资料信息库，包括客户纪念日、喜好、单位年用酒量、酒水采购方式等。

• 客户拜访：客户赠酒一周后，业务员需登门拜访目标客户，对产品体验、公司相关情况等进行调研。

• 通过一系列的营销动作加强客情关系，在此过程中打消客户的疑虑，最终实现销售转化。

## （七）后备厢工程过程监管

• 赠酒后立即建立客户档案，后期由销售总经理逐一拜访，了解赠酒情况。

• 团购部根据月底赠酒客户、赠酒数量填写《团购客户赠酒申请表》，并附《赠酒客户明细表》，逐级审批并报后台及督导备案。

• 审批通过后，根据申请表的数量领取品鉴酒卡，由经理以上人员负责赠送。

• 活动过程中的直接赠酒，如回厂游、品鉴会等，督导根据上报的活动申请表现场协助赠送，如督导不在现场，事后需电话回访赠酒真实性。

● 赠酒结束后一周内，相关部门或团购主管人员以饮后反映、服务反馈等理由进行电话回访，确认赠酒情况。

## （八）后备厢工程核销方式

● 《团购客户赠酒申请表》《团购客户赠酒明细表》。

● 团购客户赠酒卡。

● 有客户签字的赠酒回执卡。

即时统计《团购客户赠酒明细表》，填写赠酒接收人姓名、时间、数量、赠送产品、联系电话，按月提交公司综合部核销，以备核查。

以上为笔者对白酒后备箱工程操作的一些建议和意见，一些中高端产品想打开团购渠道、拓展核心消费者培育，后备厢工程是比较有效和直接的形式。但是这种形式，一般多为企业主导操作，主要是费用层面，多数经销商无法承担相应的支出。后备厢工程申请表格如表1－19所示。

**表1－19　后备厢工程申请表格**

| ××品牌后备厢工程赠酒申请表 | | |
|---|---|---|
| 执行部门： | 执行市场： | 申请人： |
| 方案名称： | | 申请日期： |
| 执行日期： | | 经销商： |
| 活动产品： | | |
| 活动概述 | | |

续表

<table>
<tr><th colspan="7">××品牌后备厢工程赠酒申请表</th></tr>
<tr><td rowspan="3">投入用途</td><td>序号</td><td>活动投入</td><td>实物投入</td><td>实物用途</td><td>现金投入</td><td>现金用途</td></tr>
<tr><td>1</td><td></td><td></td><td></td><td></td><td></td></tr>
<tr><td>2</td><td></td><td></td><td></td><td></td><td></td></tr>
<tr><td>市场内控措施</td><td colspan="6"></td></tr>
<tr><td rowspan="4">领导会签</td><td colspan="6">部门负责人：</td></tr>
<tr><td colspan="6">区域总经理：</td></tr>
<tr><td colspan="6">财务总监：</td></tr>
<tr><td colspan="6">总经理：</td></tr>
</table>

## 八、新常态下中小酒企的生存法则

中国白酒市场经过几年的调整，行业止跌企稳。白酒市场基本形成了一线品牌全国运营和二线强势品牌地方割据的竞争格局。在商业竞争的市场中，各个品牌比拼的还是综合实力。显然经过市场大洗品牌，三四线小品牌几乎没有了市场空间，将逐步被淘汰出大众市场。随着政治和经济大背景的变化，白酒行业也将迎来消费市场的巨大转型。2010年的人口普查数据结果显示：80后人口数量2.28亿人，90后人口数量1.74亿人，而00后人口数量1.47亿人。中国人口年龄结构呈倒三角形，巨大的人口消费红利正在消退，这意味着市场消费力在数量上将出现缩减的趋势。在行业高歌猛进的2010－2012年，中国白酒行业的产能和渠道库存累积数量等问题将在2016年爆发出来。

这种去库存化和去产能化的过程是漫长的，这也是市场淘汰赛的过程，不良企业和不良品牌将退出市场。这种情况是否说明，未来的市场就没有了中小企业生存的空间了？我认为，中小企业还有巨大的市场空间。那么中小企业的出路在哪里呢？中小企业如何做才能生存发展下去？

## （一）开辟小众市场

中国市场正处于转型期，小企业要想生存下去，就要避开竞争激烈的红海，寻找价值洼地的蓝海。在垄断之下，找到一个生存空间。中国人口众多，根据“市场长尾理论”，小众市场的多样性和分散化，将成为中小企业安身的理想之所。中国有 13 亿人口，差不多和欧洲相等。欧洲在工业化的同时，也保留了大量的中小企业。中小企业的生存，在当前的市场格局下是有生存空间理论的。中小企业要在产品、渠道、消费者影响力构建出自己独特的壁垒，保证自己不受大企业在区域或小众市场的挤压。通过产品和市场构建，逐步扩大市场份额，成为小众市场中的领头羊。**随着 80 后消费群体逐步成为社会的主流力量，**市场将呈现出多极化，小众市场**消费群体的规模会越来越大。**可以预见，随着年轻人成为消费市场的主力，会有更多小众市场出现。中小企业要抓住这一历史机遇，开辟一个属于自己的小众市场。

## （二）打造特色产品

对比其他资源，**产品才是小企业的灵魂。产品如何才能够与消费者**

**产生共鸣，必然要找到消费者的核心需求点。不同的消费群体、不同的市场定位，必然要采取与之匹配的包装设计。**对中小企业来讲，寻找到企业独特的资源是核心基本功。说到底，打造特色产品就是建立差异化。小企业与大企业相比，强调的是个体魅力、独有性，而不是品质和规模。

小众市场当然要有满足小众群体的特色产品，这个产品的特色就是小企业的防火墙。特色产品的独有性是在品质之上的，品质保证是前提。中小企业要找的或是独特文化，或是独有资源，或为独有香型，将这些独有元素植入产品，形成一个独特的价值认定。像山东平阴的玫瑰香白酒，以独特的香型开辟一个小众市场，并成为当地的特色产品。通过持续发展，成为当地的一张地方名牌，这张名牌反过来又推动企业的发展。中小企业就是要以特色产品为市场尖刀，在大众市场分一块蛋糕，并通过独占性，长期拥有这块份额。

## （三）做消费者代言人

21 世纪之前国内是卖方市场，企业生产什么商品，消费者接受什么商品，消费者和企业的地位不是平等的。加上企业对资源的垄断地位，大企业也一直保持着优势。在互联网时代，消费者的话语权得到了释放。在互联网时代，消费者逐步成为话语权的拥有者，加上买方市场的到来，要求企业必须尊重消费者的要求。要建立与消费者的沟通管理，中小企业有着先天优势。

**未来的消费者将是市场的主导，小米手机很好地诠释了企业在没有网络渠道的情况下是如何完成营销任务的。这是一种营销革命，以消费者为主导的（粉丝群），并邀请消费者参与的模式，将成为市场主流。**

小企业与大企业相比，与消费者距离更近、关系更密切。中小企业可以和消费者建立良好的市场关系并进行深度互动，争取让消费者向自己靠拢。有了消费者的支持，中小企业的发展是有保证的。

## （四）建立直销体

**自改革开放以来，渠道是一个自上而下的垂直体系。随着互联网的资源共享，渠道必然扁平化。**传统渠道正面临危机，在高度同质化的商品和服务中，交易和沟通成本过高。如何建立一个交易成本和沟通成本都很低的渠道，是未来中小企业的又一个命题。当然，**和消费者建立直营体是一种大胆的尝试，**这里的想象空间很大。以前的市场布局，建立真正意义的直销显然是有困难的。随着互联网的深入，**传统渠道的使命也将发生变化，从以前单一的物流配送功能，逐渐成为企业和消费者进行物流传递、信息互动、资源共享、传播共振的平台。**技术革命将大大改善大企业和小企业不平等的市场地位。建立一个直销体，不仅可以建立沟通管道，还有利于管理成本的降低，大大强化与消费者一体化的进程，这种方式有利于企业的创新应用和产品开发。中小企业的核心竞争力，就是创新的速度。

## （五）新媒体的网络社区应用

在微博、微信已经成为80后网络生活标配的今天，通过微博、微信进行营销有着成本低、见效快的优势。新媒体营销的精髓在于话题营销，而话题营销的精髓在于引发网友共鸣和互动。借助各种网络热点事件、融合多种网络流行元素，在嬉笑怒骂中表达真实、简单的生活态度，时而卖萌，时而自嘲，关键时刻不忘传递一下正能量，颇能引起目标受众的共鸣，形成话题实现多次转发。有人说，酒类行业是个非常“传统”的行业，这一“定义”不仅体现在酒产品工艺本身，还体现在酒企所倚赖的营销模式和载体酒企似乎更钟情于电视广告、户外广告等传统媒介，对网络广告、网络营销不太关注。小企业可以利用新媒体，构建新的营销模式和推广方法，重庆的江小白就是非常好的案例。

现实中，白酒企业的日子都不好过。但大家都在积极想办法，正在努力转型，都在积极寻找属于自己的独特资源，并努力把这种资源转化为产品力。中小企业必然退出大众市场，转向小众群体市场。我们也希望广大中小企业找到自己独特的资源，通过创新打造更加让消费者喜欢的产品。通过与消费者一体的构建，获得长远、稳定的发展。市场并非一成不变，而是快速变化的，就像诺基亚代替摩托罗拉、苹果代替诺基亚。现在没有创新，企业很难再通过垄断长期占据市场的主导地位。在创新上，白酒行业还有巨大的空间，这让中小企业有巨大的发展前景。

# 第二章

# 核心终端打造

# 一、核心酒店增量攻略

随着白酒行业的不断升级调整，渠道的作用也发生了改变，消费者购买白酒的终端选择也发生了变化。对于白酒来说，酒店渠道消费经历了“自带率太高”“动销困难”“消费者都是便利店购买”等“受虐”阶段，不断地自我变化着，酒店渠道也逐步成为众多企业和商家关注的核心，在费用倾斜、活动开展等层面受到重视。

笔者认为，酒店渠道是让产品与消费者最直接、最快速见面的地方，是实现产品与消费者沟通最有效的场所。核心酒店是每个区域市场高端消费群体和消费意见领袖的集中场所。同时，酒店渠道是目前市场渠道建设中的重要组成部分。酒店不仅是自身推广的平台，还是有力地阻击竞争对手的场所。对于新产品的消费口感培育，核心消费群体构建起着至关重要的作用。那么我们如何在当下的形势下操作好酒店渠道，如何让自己的白酒品牌在酒店渠道发挥价值？笔者将从准备工作、酒店筛选考察、酒店进店方式、酒店促销形式、客情维护等方面进行综合解析。

## （一）酒店操作之前的准备工作

### 1. 确定酒店渠道费用投入计划

根据酒店渠道的数量、大小、周期、人员配备等现状，提前做好费用预算，根据自身市场的大小和经济情况，选择最有效的费控体系。

### 2. 确定铺货政策

根据产品的价格体系和利润状况，提前确定铺货的价格体系和政策。笔者建议，铺货的价格不易太低，主要依靠后续的促销活动拉动消费，尽量比传统烟酒店渠道价格高一些。

### 3. 确定消费者促销政策

明确进店后消费者开展促销活动或者品牌推广活动，同时把需要准备的广告物料全部备齐，尽量在铺市过程中落实到位，并且向终端老板和服务人员宣讲活动政策。

### 4. 确定酒店生动化标准

根据产品的终端定位，分别对核心店、一般店制定不同的生动化标准，主要包括产品生动化和氛围生动化，分别以详细的文字在进店合作合同中进行约束。

### 5. 明确铺货进度计划

根据市场的大小、店面选择的数量、团队状况，提前制定铺货的进度，做一份详细的时间排期计划。

### 6. 制定督导及管理办法

活动开展过程中及后期明确督察人员和办法，对市场费用和消费者的活动是否执行到位进行督查，避免出现“花钱没干事”的情况。

### 7. 确定人员激励及考核办法

为了提高团队的积极性，在开发酒店渠道之前，尽量制定一个短期的刺激团队作战力的考核方案，督促团队人员开展酒店渠道拓展工作。

## （二）核心酒店考察的五种方式

### 1. 上座率观察法

定时定点观察酒店的上座率和翻台率，同时根据酒店的档次和消费计算酒店的用酒量和档次，确定酒店是否是我们的目标终端。

### 2. 供应商访谈法

可以通过自身资源，寻找酒店所需产品的供应商。例如：酒水、饮料、调味品、餐具、蔬菜等，询问酒店的生意如何、酒店的信誉怎么样，对酒店做出判断。

### 3. 内部人员调查法

通过特殊的策略，找到酒店的餐厅经理或者服务人员，了解酒店的基本信息，综合考虑是否值得我们当作核心酒店操作。

### 4. 柜台陈列观察法

通过一段时间，不间断地对酒店前台的酒水专柜进行观察，看看白酒产品的销售数量和陈列状况，对酒店的白酒消费做出基本判断。

### 5. 包装物回收统计法

这是很多商家常用的方式，对酒店消费后的瓶子、盒子进行统计和观察，推断出本酒店主流消费的产品、档次和品牌，对自身产品和酒店合作提供依据。

## （三）酒店主流进场的六种方式

### 1. 纯进场方式

这种形式主要是针对中低端白酒产品和C/D类酒店合作采用的基本形式。依靠品牌的知名度和产品的价值感自然销售。

### 2. 产品混合进场方式

混场促销方式一般是指商家具备一定畅销产品的资源，同时和酒店之间是供应商的关系，通过畅销产品的进场导入白酒产品，所有产品混场开展促销。

### 3. 买断专场进场方式

这种形式一般比较适合实力比较雄厚的商家，花费一定的费用买断酒店的酒水供应，不允许第二家供应商供货。

### 4. 买断某价位段进场方式

这种方式也是一种常用的进场方式，一般指商家根据酒店的消费状况和畅销产品的核心价位段，买断其中一个价位段的产品供应，如本酒店 50 元以内的产品销量最好，商家就买断本价位段的产品供应，其他商家不得参与供应。

### 5. 包量返点进场方式

包量返点是目前比较有效的进场方式，也是促进终端卖货的一种形式。可以把每个酒店销售数量的多少划分为三个等级，给予不同的返点作为奖励，卖得越多，返点的比例就越大。

### 6. 联合开展活动进场方式

酒店行业竞争比较激烈，酒水商家可以和酒店协商，联合开展促销活动。例如：酒店消费满 100 元赠送 × × 产品一瓶，酒店消费 × × 产品两瓶，赠送本酒店价值 30 元代金券一张等，这种方式在一些县级市场比较受欢迎。

## （四）酒店主流的促销方式

### 1. 免品活动

产品铺市完成后，很多商家反映产品不动销。免费品鉴正是新产品上市和市场培育期重要的消费者培育方法，有助于培养产品和品牌的消费氛围、消费习惯，维护餐饮店的终端客情，并提高终端推荐的意愿和动力。

### 2. 直接买赠

在酒店进行实物直接买赠活动，现场刺激消费者的购买欲望，从而有效动销。例如：从 × 月 × 日开始，由促销员负责，向现场消费 × × 产品一瓶的消费者赠送 × × 实物奖品。通过促销员的介绍和终端宣传单页的发放推介，突出消费 × × 产品就赠实物奖品，现场买现场得、利益就在眼前。

### 3. 砸金蛋主题促销

砸金蛋促销一直是比较流行的酒店促销形式，消费者在酒店购买某产品的同时，现场可在指定地点砸金蛋，从而获得奖品。通过趣味性很强的形式和消费者互动，达到品牌推广和产品销售的目的。

### 4. 置换代金券

置换代金券属于和酒店联合开展促销的一种形式，前期和酒店负责人协商好。比如在酒店消费某白酒产品多少，赠送多少金额的代金券，可以进行二次消费。通过联合促销的形式带动酒店的消费，而不仅仅是产品自身的促销。

### 5. 现场抽奖、幸运转盘

消费者只要在指定酒店由促销员推荐并消费一瓶××产品，就可获得由促销员发放的刮刮卡一张，现刮现得。此活动在第一时间提高了消费者与促销活动的互动性，可以在短时间内提高消费者的关注度，加深消费者对产品的记忆。

### 6. 连环套督促服务人员促销

服务人员集齐一定数量的某产品的瓶盖就可获赠一定价值的富有传播效应的礼品，刺激服务人员推荐本产品，带动酒店的整体消费。这种促销形式比较简单，效果较好。

除此之外，还可以开展空瓶换酒、大奖引爆等促销形式。

## （五）酒店渠道产品标准生动

**酒店渠道产品标准生动化内容：**

- 产品生动化陈列，标准化摆放。
- 吧台样品特展样式。

- 标准易拉宝展示位置。
- 异形 KT 板的点面布置。
- 店招、灯箱、条幅、海报的信息传达。
- 产品摆台、桌面促销品。
- 客情卡张贴与填写。

**酒店渠道产品标准生动化原则：**

- 从吧台的上下布局看，腰以上、眼以下的位置是最佳位置。
- 从吧台的左右布局看，中间的位置最好，左右次之。
- 从吧台整体布局看，客流量大的区域位置最好。
- 从与重点品牌的相邻位置看，邻近酒店重点品牌的位置最好。

## （六）核心酒店终端客情维护

笔者将终端客情维护总结为八个关键点，以供商家参考。

- 与业务相关联的人建立良好的工作关系和私人关系。
- 客情关系不是“有困难找警察”。
- 客情关系是随时、随地的自然表现，并不是可以特别表现的。
- 良好、持久的客情关系是通过情感纽带得来的。
- 关键、重要的客户要制定客情计划。
- 不同的时期采用不同的方法，有新颖感；不同的客户采取不同的方法，有针对性。
- 有计划、有规律地拜访或电话沟通。
- 经常为客户提供一些有价值的市场信息。

### （七）商家与酒店合作的注意事项

• 在考查清楚酒店的基本情况后，决定与该酒店合作之前，参考竞品提出的条件，预测酒店老板要提出的要求，做好两三套合作方案。

• 与销量挂钩的协议，一定要注意考核凭证的完善，用经销商的送货单据与所消化掉产品的考核依据双向考核，同时盘查库存，做出准确的销量统计。

• 合作协议中注明吧台展示的要求，注明不得允许同价位竞品在本店做任何形式的宣传促销字样。

• 充分利用好手中的资源：门头牌制作、店面的装饰等，作为开店的条件。

• 注意合同的有效时间。

以上是笔者对目前白酒行业的酒店渠道操作的一些见解，市场的基础工作就像循环图一样，只要坚持不懈，最终会实现质的变化，取得螺旋式上升的结果。酒店渠道在变化着，我们对酒店渠道的重视程度也应该变化。

## 二、核心终端构建的“4×4”模型

“得终端者得天下，失终端者失天下”已经是白酒行业的基本营销理念。对于白酒产品来说，终端是所有白酒产品直接销售的场所；终端是白酒品牌直接与消费者“相遇”的场所；终端是白酒品牌自我价值和价格体现的载体。对于大众酒和光瓶酒来说，终端尤为重要。如何做好终端？如何构建核心终端？笔者根据多年的实战经验和成功案例分析，将核心终端构建总结成为“4×4”模型。如图 2－1 所示。

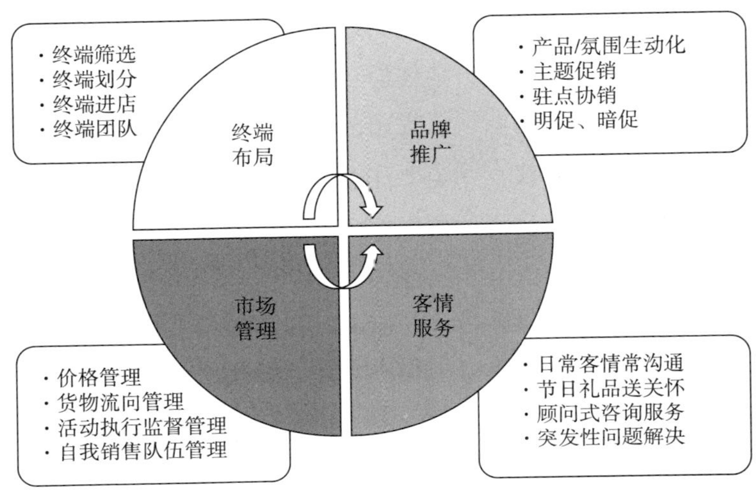


**图 2－1　白酒核心终端“4×4”模型图**

# （一）核心终端构建
## ——终端布局

### 1. 终端筛选

无论新产品的铺市还是老产品的巩固，在产品导入市场之前，一定要对现有的终端进行严格筛选。锁定核心终端、资源聚焦使用是事半功倍的过程。笔者建议，商家可以根据产品档次、价位特性、终端规模、影响力和销售潜力、终端的地理位置、渠道之间的互动和影响力、产品的营销影响力等方面，综合分析产品适合什么样的终端。

## 2. 终端划分

针对终端划分，将终端分为三个层级，分别是核心店、重点店、一般店。主要因素为不同等级的店面可以采取不同的操作策略和奖励政策，尽量坚持“大店重点抓、中店抓重点、小店不遗弃”的操作原则。在产品铺市之前，分别制定不同的层级政策，针对划分的层级逐一攻破。

## 3. 终端进店

针对终端进店和铺市，目前市场流行的形式非常多，其中有三种形式最直接也最有效。

第一，大小均有，搭赠不同比例的进店铺市。即根据产品的价格和终端的接受程度，制定多种搭赠比例，根据店面的不同档次着重推荐不同的层级政策。

第二，首单免费，冲抵陈列。即前期终端铺市，根据和终端老板沟通，终端可选择首单进货金额，按照公司要求销售，三个月后可直接获得相应金额的本品作为陈列奖励。

第三，包量返点，卖多利润高。根据店面销售的潜力，刺激店面本品的推荐率，产品销售越多，利润比例越高。无论哪种进店形式，适应市场需求即可。

## 4. 终端团队

核心终端的构建团队一般分为两个团队，铺市前期突击队和铺市后期的维护队。其实前期突击队团队是快速铺市的保障，后期的维护团队是核心终端不断维护的基石，对于商家构建核心终端同等重要，可是很多商家忽视了后期的维护团队和相关工作，造成很多政策无法持续有效地落实。

## （二）核心终端构建

——品牌推广

### 1. 产品、氛围生动化

核心终端的生动化包括产品生动化和氛围生动化，也可以称为“动态包装＋静态包装”或“店内包装＋店外包装”。一个产品是否占据主导地位，从产品在店内呈现的整体形象就可以看出来。对于核心重点，商家需要充分利用既有的陈列空间，发挥它的最大效用，切忌出现中空或者货源不足的现象，以免竞争者乘虚而入。陈列商品的所有规格，以便消费者根据自己的需要进行选购，否则消费者可能因为找不到适用规格的产品而购买其他竞品。

统一系列垂直陈列，统一包装平行陈列，主推产品高度在与客人视线持平的位置，价格由高到低。同时，要有明显的价格标识和促销信息。

### 2. 主题促销

主题促销是产品动销的必备手段，无需追求特别新颖的促销形式，将传统的促销形式极致化就可以了。例如：买赠、刮奖、抽奖、盒内奖、幸运转盘、砸金蛋、瓶盖奖、二次兑奖、旅游大奖等都是比较有效的形式。关于力度层面，商家需要考虑不同的市场阶段、不同销售季节因素、市场投入与预算、竞品因素等，赠品尽可能实行“一步到位”制，尽量避免复杂的兑奖流程，引起消费者反感。

### 3. 驻点协销

核心终端构建中的驻点促销一般分为核心烟酒店的驻点促销和酒店的驻点促销，笔者倾向于后者。对于酒店来讲，业务员做驻点促销可以直接与消费者对接，这也是促进消费的一种形式。笔者建议，可以在酒店配合开展免品活动或者其他主题促销活动，效果最佳。

### 4. 明促、暗促

关于核心终端构建中的明促和暗促，一般在商家费用比较多、终端单一消费比较良好的基础上开展活动的形式。建议在一些酒店开展暗促，在一些商超和大型烟酒店开展明促，费用利用最大化。

## （三）核心终端构建
## ——市场管理

### 1. 价格管理

价格是产品的生命线，酒水经销商时刻关注两个价格，终端进货价和终端卖价。终端进货价是为了防止业务员满足私利、恶意倒货的行为。终端卖价是为了统一市场的价格秩序，保证产品良性的持续发展。

## 2. 货物流向管理

在核心终端的构建中，商家也要时刻关注自有产品的货物流向，尽量避免终端商外流的现象，成为窜货的参与者。在一些终端，产品销售较慢，对于不想继续销售的终端应尽快回收产品以免出现终端“恶意甩货窜货”行为。

## 3. 活动执行监督管理

活动执行监督管理，一般是指目前市场开展的核心主题活动或者终端政策，终端商和业务员是否按照标准执行。例如：是否出现促销品被截流、刮刮卡被撕掉、终端铺货政策宣传有偏差等。规划比较好，执行相当差，这是商家在核心终端构建中需要注意和关注的。

## 4. 自我销售队伍管理

在核心终端构建中，自我销售队伍是一些工作开展的第一执行人。笔者建议，每日晨会是必开的，汇报昨日工作和近日计划。对于公司的相关政策，自我销售团队必须熟记于心，也可以现场考试演练。要关注自我销售团队的个人心态管理，避免出现自我销售团队和终端“联合”套取经销商费用的现象。

# （四）核心终端构建

## ——客情服务

### 1. 日常客情常沟通

核心终端的日常客情属于核心终端稳定性的辅助工作，相比日常工作，并不是直接产生效果的工作。笔者建议，商家的终端维护人员可以根据终端的实际情况，采取不同的客情维护方式，投其所好。着重分析客户对于产品的利益点、问题点和机会点，做到客情关系和生意为一体。

### 2. 节日礼品送关怀

针对核心终端，尤其是销量比较大的终端，商家可以在特定的节日，赠送一些礼品维护客情，或者在终端老板长辈的寿辰赠送生日礼物，无形中使自我品牌在其终端的销售带来良好的效果，也便于后续在其店面开展一些主题促销活动。例如：某老板每年定期购买一些高考和中考的复习资料，赠送给终端老板的子女。

### 3. 顾问式咨询服务

顾问式咨询服务一般指商家的终端服务人员，定期总结市场的一些优秀案例和行业最新信息，在和终端老板交流的时候，将信息传达给他们。尤其是一些卖货的优秀案例，对其最有吸引力，并且不断增加自己其他方面的知识和阅历，才能让终端老板认为你不仅仅是一名业务员，从而提高对品牌的忠诚度。

### 4. 突发性问题解决

在产品市场的销售过程中，难免出现一些突发性的问题。例如：产品存在瑕疵、促销品有质量问题、陈列奖兑付不及时等。优秀的商家必须尽快解决这些突发性问题，保证终端客户良好的合作关系。

以上是笔者针对核心终端构建的一些看法，核心终端的构建不是一个政策、一句口号、一个动作，而是一个系统性的、持续性的市场运作过程。经销商必须提高自己的服务质量，不断加强自我营销团队的基本素质，提升市场掌控力。

## 三、如何做好新产品上市的渠道构建和动销

白酒新产品在一个特定市场爆发，需要一个持续稳定的过程和合理有效的市场策略。目前的大众白酒，也可称作中低端白酒，如何在上市过程中实现自身的渠道构建和产品动销。笔者结合市场基本发展规律和一些成功品牌的经验，总结以下几个规律：

## （一）中低端白酒运作指导思路

市场竞争的法则就是不断地创新，在品牌营销方面没有什么规则是不能打破的。中低端产品运营的基本原则是：创新营销、精细运营、瞄准重点区域、聚焦突破。

在区域布局上，采取板块布局和重点市场布局相结合的模式，首先确定核心样板市场和重点打造市场。

在核心板块市场打造上，公司集中人力、物力、财力进行阶段性重点打造，特别是在人员配备上采取竞争上岗的模式，重点提拔为样板市场打造成功做出卓越贡献的业务员。

在品牌推广上，摒弃以往的“急于求成、立竿见影”的想法，坚实、踏实、稳定地开展品推活动。强化品鉴体验营销、新媒体推广（微博、微信、网络等），实现品牌推广的创新运作，在品牌推广上做长期打算，必须有足够的耐心和韧性。

在营销团队建设上，按照中高端白酒运作的标准要求，建立系统的选拔、培训、实践、提升的人才培养体系。

## （二）中低端产品核心渠道和终端的选择

中低端产品，其主销渠道为烟酒店、婚宴团购和酒店渠道等。烟酒店渠道作为主推渠道；商超渠道是重要的形象展示、价格标杆场所，也是节假日销售上量的重要渠道，需要全面进入；酒店渠道作为重要的饮酒场所，有良好的口碑宣传功能和大众婚宴团购信息收集作用，亦要全面运作。

烟酒店核心渠道的选择：选择店面装修较好，同价位产品销量大，周边有中高档酒店、企业单位，老板有人脉资源的店面。

核心酒店渠道选择：选择生意好，能销售同价位白酒的店面，优先考虑位于核心烟酒店周边、企事业单位周边的店面。

商超渠道选择：当地比较知名的商超，客流量大，口碑较好，优先考虑节假日可以配合做活动的商超。

## （三）烟酒店渠道的构建与动销

核心烟酒店的构建是一项系统工程，单靠传统的一招一式的“单店陈列”政策和“进店政策”做市场，在竞争如此激烈的市场环境下，已经满足不了我们对市场的掌控需求，必须快速导入烟酒店“联营体”模式，单渠道强势突破，稳固核心市场，继而推动大盘扩张。

### 1. 签协议

经销商核心终端签订包量返利协议：

• 销量协议（60% 占比）：达到协议约定时间销量任务目标，给予相应返利（月返、年返）。

• 其他约定（40% 占比）：按公司要求进行要素维护（产品价格体系维护、生动化陈列、活动配合度）。

## 2. 做陈列

- 全品项进店，每个单品的陈列面不低于 9 瓶。
- 陈列第一，有专柜的进行专柜陈列，无专柜的实现最佳位置陈列。
- 陈列活动一般在 6 个月，每个月赠送店内一定数量的产品。

## 3. 搞宣传

- 店内装饰、酒品展示柜做宣传。
- 店内宣传物料投放：KT 板、X 展架、易拉宝、海报、包柱等。

## 4. 婚宴支持

为挖掘名烟名酒店背后的婚宴资源，经销商实行“联营体”终端婚宴推荐政策，推荐成功给予特殊奖励。

## 5. 授牌匾

对部分核心名烟名酒店授匾，匾上标示“商家战略合作商”，终端授匾有利于提升烟酒店的形象，打消消费者的顾虑，促进终端销售。

授匾的条件：

- 终端必须从正规渠道处进货。
- 必须达到全产品进店。
- 价格体系符合商家的要求。
- 终端陈列符合商家的要求。

- 配合产品婚宴服务工作。
- 销量达到商家要求的指定标准。
- 在授匾期间终端必须悬挂。

### 6. 做活动

- 首次进货奖励。
- 阶段性终端上货奖励政策。
- 旅游支持：上货达到一定数额，奖励×××旅游区×日游。

## （四）酒店渠道的构建与动销

酒店业务员的主要精力放在核心店的动销上，围绕核心店开展**产品陈列、氛围营造、免费品鉴、免费赠饮活动、砸金蛋活动五大活动**。以高铺市率为铺市目标，以核心客户为主攻目标，通过打造餐饮形象一条街带动整体市场氛围。

酒店终端氛围营造与产品陈列如表2－1所示。

**表2－1　酒店终端氛围营造与产品陈列**

| 物料＼级别 | 核心店 | 一般店 |
|---|---|---|
| 促销活动告知 | √ | √ |
| 灯笼 | √ | |
| POP或KT板 | √ | √ |
| 价签 | √ | √ |

续表

| 物料 \ 级别 | 核心店 | 一般店 |
| --- | --- | --- |
| 海报 | √ | |
| 开箱开瓶陈列 | √ | |
| 推拉贴 | √ | |
| 桌贴或摆台 | √ | |
| 带有品牌 LOGO 的笔 | √ | √ |

备注：终端操作较为灵活，需对酒店终端做到一店一策，核心大客户可通过多种合作方式，以达成与核心店的合作，比如包量、陈列、返利、累积销量返利等。

## （五）团购渠道的构建与动销

### 1. 企事业单位送酒

主要通过核心人物公关、赠送免费品鉴酒票、利益共享等方式开展工作。一是经销商要配备专职团购人员，做好核心客户的服务工作，并不断开发新客户；二是拉动烟酒行背后的婚宴团购资源，给予烟酒行团购奖励和相应的品鉴政策支持，如免费提供品鉴会用酒，免费为烟酒行的核心客户提供节日礼品等。

### 2. 婚寿喜宴团购

一是要做好信息拦截工作，通过酒店的核心人物、婚纱影楼、喜糖铺子等渠道拦截婚宴信息，给予相关人员信息费；二是与婚纱影楼、喜糖铺子等渠道合作，做好喜宴政策的宣传工作；三是要调动烟酒行的积极性，给予烟酒行喜宴政策支持与奖励；四是要给予消费者实惠，依据市场环境为消费者制定优惠政策；五是要抓住喜宴高峰期开展主题促销活动，如“五一”“十一”开展婚庆主题促销，高考后开展升学宴主题促销等。

### 3. 车贴送酒挖掘团购

利用贴车贴的形式开展品牌活动及微小团购活动，将这些小型的车主发展成为商家的核心消费者和微小团购商。定期邀约这些客户来参加商家的系列活动，增加其品牌忠诚度。

## （六）商超渠道的构建与动销

- 做好产品陈列和价格标示工作，凸显商超渠道价格标杆与形象标杆的作用。
- 在节假日做好氛围营造、产品码堆、促销活动等工作，节假日上量，条件合适的情况下可以招促销员。
- 在周末或者节假日临时开展买赠活动，购一瓶送商家特制礼品一份。

## （七）中低端产品品牌推广的方向与方式

- 中低端产品作为经销商战略打造的产品，将集中公司的力量重点打造，从高层一直贯彻重点打造的核心思想。

●成立专门的团队，借助自媒体和新媒体开展社群营销活动。

●终端氛围营造：主要是核心酒店、核心烟酒店的店面包装，包括门头、橱窗广告、产品陈列、价格标示、店内墙体广告、产品堆码等，以及核心店的产品陈列，超市的产品陈列、码堆等。

●主题促销活动：围绕传统节日，如端午、中秋、春节等开展主题促销，烘托氛围；在喜宴高发期开展针对性主题促销，如“五一”“十一”的婚宴主题促销，高考后的升学宴主题促销等。

●免费品鉴活动：要让消费者品尝到我们的产品。在核心酒店开展免费品尝活动，在核心酒店开展免费赠活动，在团购渠道开展一桌式品鉴会与赠送品鉴酒活动。

●终端协销工作：产品铺市完成后最重要的推广工作就是动销。在酒店，业务员在铺市完成后，要在就餐时间在核心店协助销售，给老板帮忙，推荐我们的产品，同时做好客情工作，拉动该区域的销售。

## （八）中低端产品服务团队职责

每个销售人员负责10家左右的核心店及30家左右的陈列店，减少负责的店面数量，提高在店内的工作质量，在店内主要工作内容为：

●记录当天销售数据及库存数量，若销量发生变化，通过与店老板沟通、服务人员沟通，分析销量变化的原因（销量增加，需分析增加原因；销量减少，需分析减少原因），并将每个核心店销售变化的分析结果反馈至经销商处，以便做好市场策略的调整。

●客情维护，赠送核心客户小礼品，并关注核心客户近期是否有喜庆事情，提前做好准备。

● 检查本品陈列与氛围营造，根据需要及时调整。

● 做好补货工作，严防终端缺货。

● 吃饭高峰期，在餐饮集中区域充当促销员，帮助核心店老板做动销，并宣传本品品牌。

● 核心店2~3天拜访一次，陈列店5~7天拜访一次。

● 销售人员除负责所辖片区外，另需负责3~5个乡镇市场，乡镇市场要求10天拜访一次。

● 销售人员负责向终端传达公司的各种活动信息，并执行到位。

● 负责市场前期的铺货、日常拜访、客情维护、主要竞品信息的收集等工作。

● 根据需要，做好经销商安排的临时工作。

以上是笔者对中低端产品新产品上市的心得，没有一招制敌的方式，唯有坚持做市场才是商家成功的唯一出路，没有捷径可走，唯有踏实坚持做市场。

# 四、白酒联盟商体系构建全攻略

白酒联盟商体系是以发展传统区域运营商为基本策略，导入联盟商运营体系为核心策略，集中优势资源，各个渠道及网点逐一击破，从而形成品牌在区域市场的“大商联盟体系”。

## （一）白酒联盟商体系商家模式

依托品牌现有区域经销商，一县/区一名经销商，发展大户模式。通过会议的形式，协助品牌经销商发展下游 N 个团购联盟商和乡镇分销商，壮大销售网络。如图 2－2 所示。

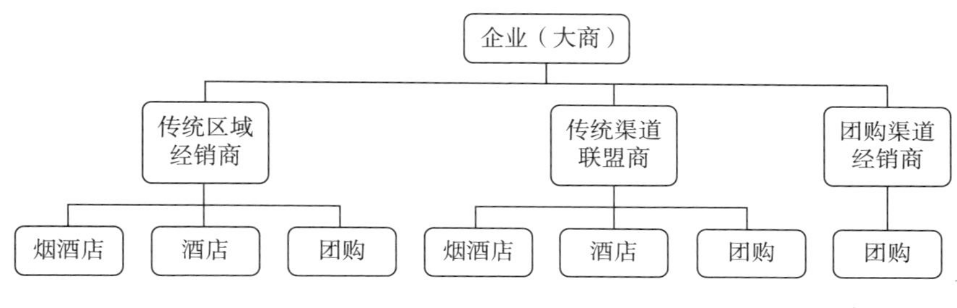


**图 2－2　商家布局示意图**

## （二）白酒联盟商体系商家定位

根据目前品牌在区域市场的发展状况，针对区域地区联盟商进行优化和重新定位，依托联盟商自己的资源和能力，将品牌联盟商分为团购型联盟商和分销型联盟商。

**团购型联盟商定位：**主要依靠背后的团购资源进行品牌销售，不再开展终端铺市的工作。此类型联盟商是具备团购资源的品牌联盟商，按团购客户系统划分，一个系统有专职联盟商负责，其他系统类似。用这种划分方法时尽量把相近的或者有高度关联的系统划在一起，如报社出版文化等。

**分销型联盟商定位：**主要依靠自己的配套资源，将区域整体划分区域，对终端进行分销，相互之间不得跨区域销售。此类型联盟商是具备分销能力、配备专职团队的品牌联盟商，按区域划分“地盘”把区域市场分为若干小区，每个区域终端店由专职联盟商负责配送，原则上按照区域市场内的主干道划分，根据联盟商能力而定。

## （三）白酒联盟商体系在区域市场团购区域系统化、分销系统区域化推动方式

表2－2　白酒联盟商体系的扶持政策

| 主体 | 扶持方式 | 扶持政策 |
| --- | --- | --- |
| 品牌联盟商（团购型） | 召集分销客户的核心客户参会；开发团购客户；提供大型订货会政策支持 | 品鉴酒、品鉴会餐费、品鉴会订货政策等 |
| 品牌联盟商（分销型） | 协助发展下游终端；提供模式化的终端开发服务 | 阶段性工作奖励；返利；会议支持等 |

## （四）2018年A、B、C、D品牌联盟商计划年度销售任务指标划分标准

A类联盟商全年计划任务100万元，平均每月8.3万元。

B类联盟商全年计划任务60万元，平均每月5万元。

C 类联盟商全年计划任务 30 万元，平均每月 2.5 万元。

D 类联盟商全年计划任务 15 万元，平均每月 1.25 万元。

## （五）白酒品牌联盟商操作执行内容

A 类联盟商签约协议内容：

• 交纳诚信保证金 4 万元，年终一次性奖励 5 万元。

• 享受业务经理工资补贴 2000×2=4000 元品牌本品，按月随货配送兑现。

• 联盟商店面柜台排面端架陈列××品牌本品 12 瓶（3×4），公司每月给予费用补贴 3 瓶××品牌××成品。

• 全年超额完成任务享受模糊超额奖励。

• ××××年××月××日前采购首单奖励提货数量 5% 的××品牌××品鉴酒。

• “三宴”活动全年计划 5~20 个活动推销点，凡一次性采购品牌本品 5 件以上，每桌赠送××品牌××品鉴酒一瓶。

• “三节”团购渠道“活力品牌，健康人生”活动，每次节日安排五桌（每桌八人）指标，每桌用餐酒 3 瓶××品牌××品鉴酒，每人赠送礼品 2 瓶××品牌××品鉴酒。餐费：800 元一桌。

• 半年度模糊奖励（礼品、旅游、培训或现金）。

备注：B/C/D 类联盟商客户，参照以上标准设计执行。

## （六）白酒联盟商选择类型

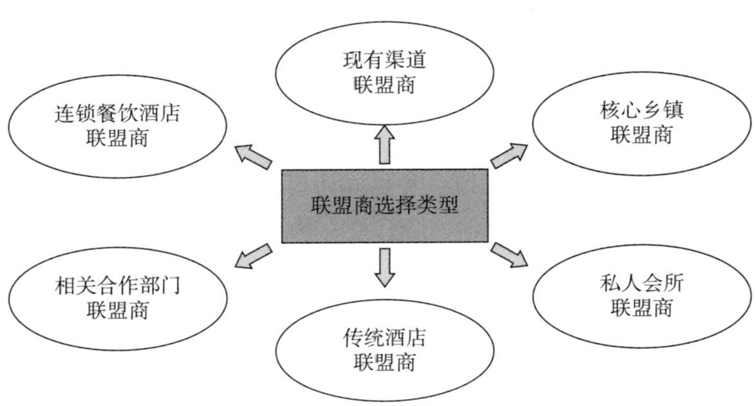


图2－3　白酒联盟商选择类型

## （七）白酒联盟商选择六大标准

- 具备运作品牌的资金实力。
- 公司具备先进的白酒营销理念。
- 不恶意出现砸价、乱价、窜货等扰乱市场的行为。
- 积极配合区域经销商公司制定的各项活动。
- 良好的行业口碑，诚信。
- 可以将品牌当作事业来做。

## （八）白酒联盟商开发形式

- 开发具有渠道资源的经销商。
- 区域经销商领导自我开发。
- 小型区域品牌探讨会开发。
- 转介绍形式开发。
- 区域经销商业务团队地毯式陌生拜访。

## （九）白酒联盟商体系构建流程

●由区域经销商员工搜集整理目前联盟商所供应的酒店，包括供应商资料、区域、位置、政策、负责人、联系方式等详细信息并备案，以防重复开发。

●针对区域经销商高层推荐的资源，相关负责人务必前期和客户当面沟通或者电话沟通，详细事宜可由区域经销商相关人员直接对接。

●由区域经销商组织专业客户开发团队，制定标准政策、标准话术、分区域、分街道、制定详细的陌生联盟商开发计划。

●明确整体工作总目标、各阶段目标、人员执行目标、资源目标、合作目标、完成时间目标。

●针对需要再次沟通或者有意合作的客户，可直接向总经理汇报，由总经理亲自负责后期跟踪开发。

**附：白酒联盟商体系各个商家的责权利，如表2－3所示。**

**表2－3　白酒联盟商体系各个商家的责权利**

| 主体 | 责任 | 利益 |
| --- | --- | --- |
| 区域经销商 | 组织并协助区域分销客户召集会议；费用支持；建立联盟体规则，并进行微信营销；协助分销商召集客户 | 提升销量；提高终端网络布局；增强消费者黏性 |
| 区域分销客户 | 召集下游客户；配送产品；完成终端店产品维护工作 | 维护费用；返利；阶段性工作奖励 |
| 终端店 | 不批发、不乱价、不倒货；按照公司要求做好陈列和终端动销工作；将产品作为第一推荐品 | 终端陈列奖励、包量返点、终端氛围营造、盒盖、年终返利、首单奖励、品鉴会支持等 |

**附：白酒联盟商体系费用明细表，如表2－4所示。**

**表2－4　白酒联盟商体系费用明细表**

| 费用项目 | 承担主体 | 承担比例 |
| --- | --- | --- |
| 保证金奖励 | | |
| 人员工资奖励 | | |
| 年度奖励 | | |
| 陈列奖励 | | |
| 首单品鉴酒 | | |
| “三宴”品鉴酒奖励 | | |
| 品鉴会品鉴酒 | | |
| 品鉴会餐费 | | |
| 品鉴会赠酒 | | |
| 阶段性模糊奖励 | | |

联盟商体系是针对目前传统渠道经销商招商难问题的一种解决思路，经销商需要灵活掌控和运用，尤其是资源比较匮乏的经销商，更需

要借助联盟商体系构建自我品牌的商家布局。

## 五、烟酒店联销体操作实战技巧

### （一）联销体的运作思路

通过打造核心烟酒店终端，挖掘其背后的团购资源，并协助销售团购产品，从而实现区域内部小型团购的拓展，实现核心消费群体的启动，巩固大型客户，最终使区域内核心终端发挥最大优势的团购功能。

### （二）联销体烟酒店选择标准

一般情况下，选店过程以经销商业务员为主体，办事处区域经理及联销体主管审核，企业直营的区域可以直接由烟酒店专人进行开发。

选店四步骤："望、闻、问、切"。

第一步：望。

首先将区域划成若干片区，由专人负责区域内烟酒店联销体的筛选。根据地理位置、营业面积、营业执照等初步筛选优质客户，可从表 2 - 5 的标准来参考和选择。

表2-5　初步筛选优质客户

| 店面位置 | 店面大小要求 | 开业时间要求 | 选择理由 |
| --- | --- | --- | --- |
| 餐饮集中区 | 60m² 以上 | 3年及以上 | 该类终端一般人流量大，租金贵，店面更换频繁，开业时间长且店面大小适中，说明客源稳定 |
| 闹市区或城区主干道 | | | |
| 写字楼、高端生活社区 | 40m² 以上 | 2年及以上 | 该类终端一般以团购销售为主，开业时间越长，说明客源越稳定 |

第二步：闻。

此处说的“闻”主要指了解终端的背后信息和营业口碑。一般可以从以下方面进行了解和查询，如表2-6所示。

表2-6　了解信息的方式

| 了解方式 | 了解内容 | 选择要求 |
| --- | --- | --- |
| 竞品业务接触 | 合作年限、年销售额、主销产品等 | 合作稳定、主销产品符合 |
| 终端反馈 | 是否批发、低价销售等 | 无批发、低价销售，团购销售为主 |
| 其他渠道获取 | 和各厂家关系等 | 主流厂家关系较好，口碑良好 |

第三步：问。

通过询问，了解该烟酒店的主销价位、销量来源，从而确定该烟酒店背后的团购资源情况。烟酒店背后必须有一定的团购资源，否则其无法按规定完成签订的任务销量。

说明：烟酒店的开发是一个长期而持续的过程，一般终端需要经过很多次的拜访后才能建立基本的客情，只有建立在客情基础上才能了解客户的真正需要和真实想法。

第四步：切。

即诊断和确认是否为核心终端，是否可以作为联销体客户。一般营业两年以上，主销价位在百元左右及以上，有固定的团购单位，未出现过售假、窜货、乱价情况的烟酒店进入联销体的选店范围。

说明：该地区酒水消费价位偏高，建议主销价位定在两百元左右及以上。

## （三）联销体终端谈判

联销体的谈判是一个慢工出细活的过程，开店中的谈判需由区域联销体主管全程协助经销商人员完成，企业直销区域由联销体专人负责开发与谈判。

联销体谈判需遵循以下三个原则：

### 1. 真诚合作原则

首先，烟酒店联销体的合作是建立在双方相互认可、相互信任的基础上，完全靠政策倾斜或价格让价的操作虽然短期内可以获得客户的认可，但不利于产品和市场健康、有序地发展。

其次，厂方应给予烟酒店足够的重视，给能够合作的终端授权（××优秀终端、××金牌合作店、××战略联盟店等）以表示厂方的合作诚意。

最终，在达成合作后，可以统一组织联销体客户回厂游活动，让客户了解企业的实力状况，提高终端的合作积极性，进一步表达了企业对终端的合作真诚度。

### 2. 利润保障原则

联销体谈判的关键就是满足终端对利润的预期，一般终端利润可以分为价差部分合作返利部分+常规支持部分+年度奖励部分+其他临时需求部分组合。所以，在针对联销体客户的谈判时，每部分的利润需求都应该兼顾到。

一般来说，终端对于利润的需求追求简单、时效，要求各项政策能够在最短时间达成或兑现。所以，一般签订联销的客户在直接政策上可以给予月度返利+年度返利，常规支持上给予开发团购客户的赠酒支持、品鉴会费用支持等，而这些费用支持不应该进行终端价格折算；如××产品进货价98元/瓶，成交价118元/瓶。月返10元，年返5元，赠酒及品鉴会则体现在日常客情中，对于终端不折算费用，但企业需计算投入。

对完成年度任务的联销体终端给予直接利润之外的返利，如送旅游、送家电等。

### 3. 坚持底线原则

- 谈判应坚持公司的合作底线，特别是价格不能低于公司预期，不能一味地为满足客户的需求而降低价格，可以调政策、改方式，但不能拼价格。
- 在谈判中，满足终端需求的同时，要求终端不转批、不售假、不窜货、不乱价，谈判时应该明确并形成文件，以便日后可追溯。
- 终端氛围打造应强调联销体终端优先享有合作权。

谈判注意细节：通过观察，发现老板愿意沟通，则简单介绍产品的卖点及操作思路，详细介绍公司对联销体的政策支持。根据情况可以和店老板核算一下在企业政策支持下，销售××产品的利润空间。如发现苗头不对（店老板心情不好）则离开，并说下次再来拜访。

**沟通技巧：**

- 重视第一印象，要让客户感受到业务员精神饱满、工作积极。
- 分析客户是什么性格，针对不同的客户采用不同的谈话方式，但必须站在客户的角度去思考问题，承诺的一定要做到，不能当面承诺的要跟店老板说回去和公司领导汇报后再回复。
- 不要贬低竞品，不要在客户面前发牢骚，但可以表扬自己的产品。
- 若当时未能成功，可根据情况规划下次拜访时间，开发一个好店往往需要多次拜访，每一次都要做到有效拜访，争取见到老板，加深店老板对你的积极印象。概括说就是修炼情商，让店老板喜欢和你打交道，能交朋友更好。

## （四）联销体管理方法

通过前两部分对烟酒店的选定和谈判，达成了联销体的开发和合作，接下来将是如何做好对联销体终端的有效管理。

烟酒店的管理主要针对核心项目管理，主要体现在以下四个方面：

### 1. 价格管理

要求联销体终端严格执行厂家规定的价格执行体系，不得低价销售。一旦低于厂家指定的价格体系销售，第一次给予口头警告，第二次取消月度返利，第三次取消客情支持，三次以上取消联销体资格。

### 2. 物流管理

对于联销体终端，直接签订三方销售协议，实行一店一码（具体识别标志由经销商另行喷码，可以在产品外箱上划定每个联销体成员的盖章区域，按照不同区域盖不同联销体成员的特有标识），且单独配送货物。

### 3. 台账管理

所有联销体成员需建立台账，一式三份，联销体成员一份，经销商一份，办事处一份。台账必须详细记录每一批货物的进店时间、产品种类及编码（每个联销体成员一个独立编码）、产品流向、经手人签字等信息，终端店台账每批大单团购产品流向必须由所负责的业务员签字。

### 4. 报备管理

对联销体终端的宴请、赠送客户等报备，使得联销体终端的核心单位受到保护。一旦受保护，将对联销体终端报备的团购客户进行封单，其他单位和个人不得进行公关和破坏。

## （五）联销体动销技巧

烟酒店的运作核心是选择联销体，而对于联销体的选择和运作，关键不是签订多大的联销体合同，而是如何帮助终端进行产品动销，常用的六个动销手段和运用技巧如下：

## 1. 空瓶陈列

在产品陈列期间，通过空瓶陈列能够直接面对消费者，给消费者带来视觉认知和冲击，增加产品卖点，吸引关注。空瓶可以通过餐饮渠道回收，如果餐饮渠道不能回收，可以直接破盒陈列，并承诺终端陈列到期后予以调换。

## 2. 大瓶酒陈列

通过在联销体终端陈列大瓶酒（一年后免费赠送），一方面满足联销体终端的店面陈列，显示联销体终端的特殊待遇；另一方面很好地展示了企业高端产品的价值诉求。

## 3. 赠饮小酒

可以通过在联销体终端店开展购××牌任意产品满100元，即赠送100ml、125ml小酒一瓶，主要目的是通过任意购买的形式，让更多的消费者去品尝。

如果是新品牌新产品，可以通过在联销体终端店开展购××品牌任意产品（当地畅销品牌产品）满100元，即赠送100ml、125ml小酒一瓶，主要目的是通过任意购买的形式，让更多的消费者品尝。

## 4. 品鉴酒及品鉴会

通过品鉴酒及品鉴会，更好地为联销体终端打开其背后的团购单位，提供费用支持，实现产品销售。

### 5. 终端联谊会

由经销商针对联销体终端定期举行联谊会（月度或者季度），邀请联销体终端老板参与，提高终端积极性，加强联销体终端对企业、产品的认可，从而提高产品的主推介率。

### 6. 回厂旅游

针对联销体终端老板，开展回厂旅游活动。一是维护终端客情；二是让终端老板了解产品销售的卖点，增强对产品和企业的信心。

# 第三章

# 白酒品推活动的开展

# 一、光瓶酒县级市场如何打造五通工程

什么是五通工程，五通工程的“五通”是什么？

五通工程是指“城城通、村村通、路路通、店店通、人人通”，经销商将依靠强有力的执行力、系统的五通工程标准指导，夯实了市场基础，稳定了销售业绩。

在小区域、高占有、强推广、大销量的基本前提下，在各个区域内集中资源，建立规划、执行、督导三位一体的执行体系，通过精细化的网点建设和核心消费者意识的培养，构建渠道和消费者的良性互动，实现白酒产品陈列面积最大化、推荐率最大化、消费者购买率最大化。先在小区域做到第一，然后成功复制，逐步扩大市场占有率，将板块连成一体，最终全面打开目标市场，做到整体县级市场市场销量第一。

## （一）五通工程中关键的衔接市场是乡镇市场，经销商持续推进核心乡镇市场的构建工作

根据县级经销商的渠道网络资源，靠近城区的乡镇一般需要经销商直供，覆盖不到位的乡镇必须要求经销商发展二批商。

经销商本人和经销商区域负责人员有义务协助乡镇分销商完成对餐饮终端铺货和氛围营造工作，同时完成烟杂店、便利店的铺货工作。

若距离较远且经销商的乡镇网络无法覆盖，可在乡镇发展一名啤酒商家作为乡镇分销商。经销商成立突击队协助乡镇分销商进行一次集中性的铺货活动，一般一个乡镇两天时间即可完成。

## （二）利用餐饮渠道实现城城通、村村通（城乡之间的核心餐饮终端为主）

### 1. 餐饮终端分级

餐饮终端一般分为核心店和陈列店。核心店是本品氛围营造和产品销售的关键环节，市场启动期必须集中资源挤占并启动核心店，以达到较好的氛围营造和销售带动作用。陈列店一般以本品陈列展示为主，销量相对较小。

### 2. 核心餐饮店的选择

主要以生意较好的面馆、小型餐馆为主。

### 3. 核心终端的考察评估

在吃饭高峰期前后，业务员对生意火爆的酒店及餐饮集中的街道进行考察，考察内容包括：

- 看。看光瓶酒数量（比如第一次来店，发现××产品有3件，第二天或第三天再来时发现还有1件，说明该店光瓶酒的销量比较好）。

● 问。吃饭高峰期过后，通过与服务人员沟通交流，了解店内光瓶酒的销售状况，亦可询问啤酒、饮料业务员。

● 查。在条件允许的情况下，查看店内垃圾堆中的光瓶酒酒瓶数量。

说明：在分销商餐饮渠道较为强势的情况下，由业务员到终端进行探访、考察，加上平时对餐饮店的了解，可初步确定首批核心店。

### 4. 餐饮终端铺货政策

在市场启动期，应把握“先易后难，量少进店，紧抓大客户”的铺货原则，即“先选择容易铺货的酒店终端，再选择较难的终端，以少量铺货为宜，将重点放在核心店上”。

### 5. 对餐饮终端实行一店一策

餐饮终端的操作较为灵活，需对酒店终端做到一店一策。针对核心大客户，可采用多种合作方式，达成与核心店的合作，比如包量、陈列、返利、累积销量返利等。

### 6. 打造形象一条街

在餐饮聚集区，首先打造多家核心店，并对核心店尽可能多地投放物料（一般核心店装修较好，老板不让投放太多的宣传物料），营造店内氛围，同时针对非核心店加大氛围营造力度，比如包柱、海报等，并根据需要适当做几家门头。店外可根据条件投放餐饮一条街上的路灯广告、站台广告，多投放灯箱广告（成本相对较低，效果较好）、悬挂灯笼等，以点带面，打造形象一条街，带动整条街的氛围，以起到较好的宣传与带动作用。

### 7. 主题促销活动

一般以买赠形式开展促销活动，买一瓶本品，赠一包花生，为防止终端拦截促销品，需用透明胶带将花生与本品捆绑在一起；或者选择核心店开展每消费满 100 元赠送一瓶一斤装成品酒、每个核心店每天仅限 10 瓶，并将促销活动宣传到位。

## （三）利用流通渠道实现路路通、店店通、人人通（城乡之间的核心餐饮终端为主）

### 1. 流通渠道操作要点

流通渠道一般分为核心店和陈列店，需将主要精力放在核心店上，核心店既能产生销量，又能对整个市场产生一定的带动作用。陈列店是产品展示与宣传的地方，销量相对较小，但不能忽视。

### 2. 核心终端的选择

①餐饮集中区附近的便利店、小超市。

②生意火爆酒店附近的便利店和小超市。

③小区门口生意较好的便利店。

### 3. 核心终端的考察评估

①下班后，观察小区门口便利店内的人流量，一般一个小区门口只有一个便利店生意较好，其他店差一些，生意较好的店初步定为核心店。

②在吃饭高峰期，观察餐饮集中区的便利店，以及非餐饮集中区但生意火爆酒店附近的便利店，将生意较好的便利店初步定为核心店。

### 4. 流通终端的铺货政策

流通终端铺货同样需要将更多的精力和资源投放在核心店上；通过摸排与首轮铺市确定核心店，核心店的数量占比不能低于20%。首轮铺市完成后，业务员的主要精力要放在核心店的动销上，围绕核心店开展产品陈列、氛围营造、消费者促销等活动。

### 5. 产品动销

在餐饮集中区，一般在中午和晚上吃饭高峰期，选择生意较好的核心店派驻促销人员进行轮店导购（同时在几家店内交替导购），促销人员可由业务员代替，或者招聘临时促销员，通过在店内不断地向消费者推荐本品，并开展免费的品尝活动，从而达到较好的宣传作用。

### 6. 设置瓶盖费

对服务人员设置1元/瓶的瓶盖费（针对老板截留瓶盖费的现象，

可减少对瓶盖费的兑奖额度，只要服务人员拿出一个瓶盖即给一定的兑奖费用），并在铺货时向服务人员做宣传，增强终端推力（也可以在餐饮渠道开展）。

### 7. 小型商超渠道三步走

①做好产品陈列和价格标示工作，凸显商超渠道价格标杆与形象标杆的作用。

②在节假日做好氛围营造、产品堆码、促销活动等工作，抓住节假日上量，条件合适的情况下可以安排促销员。

③在周末或者节假日可以临时开展买赠活动，购一瓶送品牌特制礼品一份。

## （四）五通工程打造团队十大标准动作

• 记录当天销售数据及库存数量，若销量出现变化，通过与店老板、服务人员沟通，分析销量变化的原因（销量增加，需分析增加的原因；销量减少，需分析减少原因），并将每个核心店销售变化的分析结果反馈至公司处，以便及时调整市场策略。

• 客情维护，赠送核心客户小礼品，并关注核心客户近期是否有喜庆事情，提前做好准备。

• 检查本品陈列与氛围营造，根据需要及时调整。

• 做好补货工作，严防终端缺货。

• 吃饭高峰期，在餐饮集中区域充当促销员角色，帮助核心店老板做动销，并宣传本品品牌。

● 核心店 2～3 天拜访一次，陈列店 5～7 天拜访一次。

● 销售人员除负责所辖片区外，另需负责 3～5 个乡镇市场，乡镇市场要求 10 天拜访一次。

● 销售人员负责向终端传达公司的各种活动信息，并执行到位。

● 负责市场前期铺货、日常拜访、客情维护、主要竞品信息的收集等工作。

● 根据需要，做好经销商安排的临时工作。

以上是笔者对多县级市场光瓶酒如何打造五通工程的见解，希望对县级经销商有一定的帮助。其实，五通工程就是白酒在市场的运作过程中，总结一套标准的成功模式进行滚动复制。

## 二、如何组织白酒招商会

白酒招商会是目前白酒企业或者大商常用的招商形式，也被称为会销招商形式。尤其是新产品上市，在区域内的广泛招商，比较适合采用会议招商的形式。例如：五粮醇、绿豆大曲等成功品牌均在招商会取得了一定的成功。招商会形式的招商就是利用前期造势和核心客户拜访，中期邀请客户参加品牌会议，后期签约打款合作的一种招商形式。那么如何组织招商会？会议有哪些关键点？需要注意哪些事项？会议如何造势？笔者根据实战经验，整理成文，以供分享。

## （一）前期招商会准备工作

### 1. 意向客户或陌生客户拜访

根据产品的“价位”和“品牌影响力”，筛选目标区域的客户类型，制定拜访计划。在此过程中，要对行业现有的经销渠道进行调查，了解现有渠道的经销商分布情况、经销商类型、经销商需求、经销商的经营状况等，哪些经销商对产品有兴趣并适合做我们的经销商。笔者建议，客户拜访采取3+3+3原则，拜访3个目标客户、3个非目标酒水客户、3个快消品客户。

### 2. 招商会相关物料准备

招商会的物料准备工作是一项基础工作，对会议的造势直接起关键作用。笔者根据参加的会议，将其物料进行总结，包括会场背景板、墙面广告（产品信息或者招商政策）、包柱、X展架（产品信息或者招商政策）、宣传条幅、演讲台KT板、道旗、产品堆码展示、会议视频、音乐、会议须知牌、桌牌、拱门、空飘、航架、邀请函、产品手册、工作证、嘉宾证、主持人确定、主持人会议串词等。提前15日设计完毕，提前5天制作完成。

### 3. 招商会人员培训准备

招商开始之前，首先要对招商人员进行统一培训。

培训内容：商务礼仪、招商前的准备（名片、服装等）、拜访经销商要带什么资料、如何找经销商、找什么样的经销商、产品介绍、标准话术、如何与经销商谈判沟通、如何签订经销合同、如何办理货款、遇到经销商的“刁难”如何应对、经销商的拜访技巧、在招商中针对经销商的信息疑问和意见如何反馈、招商会执行标准、招商会各项工作责任人、注意事项和环节、招商会现场氛围营造等。人员是整个环节的关键因素，前期培训是必备工作。

## （二）会议主题确定

会议主题是品牌的背书，确定会议主题。一般分为主标题和副标题。例如：××品牌××区域财富说明会、××品牌××区域上市发布会、大品牌、大目标、大战略、××品牌××区域战略发布会等。根据品牌的发展阶段和核心诉求制定会议主题，主题设计尽量“大气”。

## （三）会议地点和时间选择

地点选择：笔者建议，会议地点选择四星级以上酒店，或省人大会议承办宾馆、酒店。至少提前一周预订酒店，提前与酒店营销部人员沟通会场布置事宜。

会议时间要点：会议时间选择在周末 14：00—15：00 开始，18：00左右结束，晚宴时间在 18：30 左右。根据当地习惯可自行调整。

## （四）招商会议执行及关键点

### 1. 会议流程模板表

表3-1　会议流程模板

| 时间 | 内容 |
|---|---|
| 14：00—15：00 | 嘉宾签到（放映影音资料） |
| 14：30—15：00 | 外埠嘉宾签到入场（放映影音资料） |
| 15：00—15：05 | 会议正式开始，主持人暖场，品牌串词 |
| 15：05—15：10 | 主持人介绍嘉宾 |
| 15：10—15：20 | 集团领导讲解品牌发展战略规划 |
| 15：20—15：40 | 经销商董事长或者总经理讲解××区域市场发展规划及市场政策 |
| 15：40—15：50 | 优秀经销商代表讲话 |
| 15：50—16：50 | 行业专家解读品牌发展之道 |
| 16：50—17：00 | 产品展示、模特走秀 |
| 17：00—18：00 | 酿酒大师讲解产品的优势和特性 |
| 18：00—18：30 | 现场品鉴和相关问答 |
| 19：00— | 晚宴 |

备注说明：可根据情况自行调整。

### 2. 会场关键点说明

①产品堆码处配有专人进行产品讲解和品尝服务。

②会议现场有专人进行会场秩序维护。

③所有参会工作人员正装出席。

④会议现场音响设备需提前一天进行调试。

⑤会议现场安排专业摄影师和录像人员。

⑥所有会议现场发言稿和串词需提前一天进行排练。

⑦提前三天发放邀请函，且经多次电话跟进或者当面予以提醒。

⑧每一项具体工作责任到人，制定详细的工作推进计划。

⑨会议开始前 2 ~ 3 小时，驻地经理、片区经理继续针对邀约客户进行电话联系，确认客户能够准时参加。

### 3. 会场品鉴区关键点说明

①必须全品项展示。

②必须进行开盒展示。

③产品摆放一定要生动化，有特殊造型。

④在条件允许的情况下，最好以展架形式陈列。

⑤产品陈列需辅以物料宣传，如易拉宝、KT 板等。

⑥要有专人在展示区负责介绍产品，只介绍产品不讲解政策。

⑦产品手册摆放在产品展示区。

### 4. 自我员工相关要求说明

①司机一律不准喝酒。

②会议筹备人员会议当日上午 9：30 之前到达会场。

③男员工不留胡须，剪短发，着工作服，内穿洁净的白衬衫，打领带，穿深色袜子、深色皮鞋，佩戴工号牌。

④女员工化淡妆，长发束头或盘头，着工作服，内穿洁净的白衬

衫，深色皮鞋，佩戴工号牌。

## （五）招商会后期跟踪

• 会议当天跟踪；会议结束后，利用晚宴时间，由区域经理和分管的客户进行交流沟通，对于意向较大的客户，晚宴后邀请参加小型客户洽谈会。由董事长或者总经理亲自参加，对于客户的问题和不明白的地方逐一进行解答，争取直接签约。对于一些特殊客户，区域经理可以直接到下榻酒店的房间当面进行沟通，促进其缴纳保证金，签约。

• 公司领导在宾馆开设套间，随时接待经销商，帮助一线销售人员，促使经销商下定决心，并安排财务人员收取保证金。

• 对于参加招商会，而没有签约的经销商，要按区域进行分类整理。尤其是当天没有签约，但意向较强烈的客户要安排专员跟踪，进一步洽谈。必要时，上级主管应该予以支持。

• 在招商过程中，经销商会提出各种问题和意见，招商人员一定要及时地对经销商信息进行整理、反馈，然后上报给上级。

• 对于招商成功，而没有打款发货的客户，要安排该区域销售人员保持接触。目的有三个：防止签约客户反悔；防止提出一些苛刻条件，无法满足；制定详细的产品推广计划，促进产品上市。

以上是笔者针对招商会一些工作的见解，希望对白酒企业和组织招商会的区域人员有一定的帮助。其实招商会可大可小，但是都是以招商和品牌推广为核心目标，任何关键环节都需要精细化运作，才能取得一定的效果。

# 三、地毯式招商实战技巧

白酒招商一直是白酒企业和商家最关注的关键环节。品牌大、资源充分的企业，可以通过大型上市会、酒水论坛、媒体广告来实现部分招商，但是多数需要人员进行地毯式拜访，实现招商目的。尤其对于一些品牌影响力较小、资金实力较弱的企业，实行地毯式招商是最常用的模式。笔者针对招商的实战经验和一些招商“老道”的业务员拜访，总结优秀的实战经验，特此分享，以供参考。

## （一）熟知自己、了解客户、熟悉市场、分析竞品

• 充分了解自身的企业情况、产品情况、政策情况、市场策略、营销扶持培训等，如企业荣誉、企业实力、企业发展状况、企业战略方向、产品品种组合、价格与返利政策、渠道模式、销售人员的部署、营销推广计划、促销品计划、广告计划、客户培训等。让客户感觉企业市场营销方案的系统与合理，增强可信度。（标准化话术最佳）

• 提前了解拜访客户的经营情况（品牌、资金实力、主营业务、销售能力、营销意识、促销能力商圈地位等）、人脉关系（与所经营品牌的厂商关系、社会关系、团购网络等）、个人信息（性格、爱好、禁忌、生日），进行整理、综合分析，找出谈判的突破口。根据掌握的信

息和谈判的目的，分析权衡双方利益，准备三套谈判时双方能接受的备用方案。

• 了解拜访客户主导的市场。当地人口数、行政区划、收入水平、当地支柱产业，有多少个批发市场、多少个终端、分布在哪里，各个批发市场的货物流向；有多少个零售店、超市、酒店，进店费等渠道费用的大致情况；当地其他市场特点（如有几个购买力极强的大家属区、大单位等）。让经销商感受到自己的专业性。

• 尽可能通过其他渠道了解一定的竞品信息，掌握主要竞争品牌的产品包装、价格、功能卖点、销售利润情况；了解竞品哪个渠道销量最好、哪个渠道销量最差、哪个渠道尚有空白；了解竞争品牌哪个产品品项卖得最好和最差；了解竞争品牌采取什么助销模式，派驻多少人驻守，有没有设办事处、分公司，他们已经直接拜访到哪一层通路；充分把握竞争品牌优劣势，找到支撑本品成功上市的着力点、抓住切入机会，打动经销商的心。

在拜访目标经销商之前，只有充分做好准备工作，做到熟知自己、了解客户、熟悉市场、分析竞品等，拿出一份系统的厂商合作方案。提前制定招商计划和招商实施方案是招商工作的第一步，招商计划和招商方案必须在公司政策和原则的框架内，且招商方案要突出同业或竞争对手的差异化个性。

## （二）地毯式白酒招商关键环节

• 业务洽谈的重点不在“谈”，而在制造良好的业务洽谈氛围和给予客户完全信任的感觉。

• 重要业务洽谈的时间需提前预约，正式的时间和正式的场合可以自然凸显此次业务洽谈的重要性。

• 可以用征求意见、请教、咨询的方式作为业务洽谈的开始，想办法打开客户的话匣子，为业务洽谈制造轻松愉快的气氛。

• 学会倾听，尊重客户的谈话，在倾听的过程中分析客户的心理，随时记录客户谈话的要点，此时要体现出你谦虚和非常重视客户谈话的形象。

• 需要在客户面前陈述自己的观点时，最好用征求意见的方式，用“对不起，我能不能谈点看法”或“我的看法对吗”之类的礼貌用语。

• 业务洽谈要想取得圆满成功，不二的法则就是你必须站在客户利益或客户需要的角度为客户想办法。当公司利益和客户利益发生冲突时，你必须公正、讲原则，最好采用分析问题的方式，不断向客户善意地提问和不断进行科学合理的解释。记住，此时在客户面前，你需要充当顾问的角色，让客户感觉你是专家，而且是一位真正能为他服务的专家。

• 业务洽谈如果需要给客户讲大道理，你最好采用典型案例或讲故事的办法，让客户非常轻松和发自内心地接受你的观点，切忌讲大话和套话。

• 如果此次业务洽谈没有取得预想的成功，千万不能在客户面前表现出急躁和不耐烦，要非常友好地提出一个问题，为下一次进一步的洽谈打下基础。

## （三）如何制定标准化地毯式的招商流程和关节

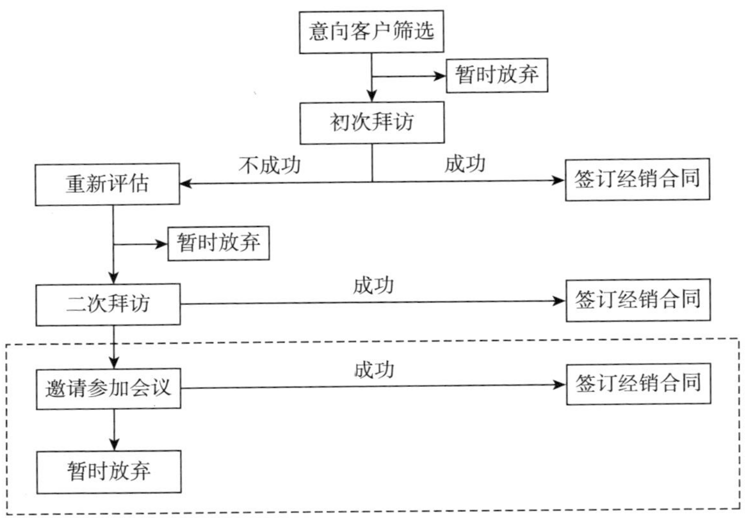


**图3－1　招商步骤及流程示意图**

### 1. 招商步骤

招商咨询：有意者以电话、传真、网上留言、APP微信公众平台等方式向相关人员咨询招商事项，索取有关资料。

实地考察：到企业所在地进行实地项目考察，并与工作人员进行业务交流。

招商申请：填写招商申请书确认招商意向。

资格审核：公司对招商者提供的各种资料进行审核，确认招商者的招商资格。

签订合同：双方确认考察结果无异议，正式签订招商合同。

打款进货：招商者按合同约定向企业打款进货。

营运准备：领取授权书、营销指导手册等资料，进行相应培训，物流配送完毕，人员到位。

售后服务：公司安排区域经理对各经销商进行经营指导。

## 2. 意向客户的谈判——初次拜访准备

形象准备：保证良好的外在形象，尽可能着正装，保持头发整洁。

心理准备：不卑不亢，做好打持久战的准备。

物料准备：名片、招商画册、产品画册、样品酒、政策性文件、笔、纸。

经销商信息准备：了解经销商所经销产品的基本信息，与本公司产品对比，提炼优势，尽可能借助人脉关系接触经销商。

## 3. 意向客户的谈判——初次拜访欲达成目标

第一次拜访一般很难立即合作，但我们需要通过初次拜访达成以下几个目标：

①让意向客户认识自己，并创造第二次见面的机会。

②简单介绍产品的优势和卖点，试探意向客户的态度。

③若经销商不同意立即合作，需探明深层次原因，为重新评估提供依据。

## 4. 意向客户的谈判——客户重新评估阶段主要工作

①明确意向客户不同意签订合同的原因，以及其核心需求是什么。

②针对原因及客户需求完成客户评估报告。

③通过评估，判定该客户是继续二次拜访还是暂时放弃。

### 5. 意向客户的谈判——二次拜访准备

①准备好答复客户上次遗留问题的核心解决办法。

②三类核心顾虑及解决办法：怕利润不足、无市场操作能力，以及担心厂方“过河拆桥”。招商人员务必学会帮助客户计算利润，针对业外经销商充当参谋的作用，给予其市场操作的指导，对担心因市场做成熟被收回的客户做出必要的承诺。

### 6. 意向客户的谈判——二次拜访欲达成目标

二次拜访是在充分了解意向客户核心需求的基础上，有针对性地提出解决办法后开展的。通过二次拜访希望达成如下目标：

①解开客户心结，达成合作意向。

②针对犹豫不定的客户，及时提出招商大会邀约。

目前白酒招商形式多种多样，无论是哪一种都需要人对人、面对面的沟通以达到招商的目的，以上是笔者针对地毯式招商的一些见解，供大家分享。

## 四、如何操作大排档餐饮渠道

炎炎夏日即将到来，作为夏日支柱餐饮渠道——大排档也将在全国各个市县级市场独树一帜。越来越多的消费者将晚餐和消夜地点选择在大排档，喝啤酒、撸串、侃大山成为大排档的标配。现在消费者在大排档聚饮，白酒的消费趋势逐步提升，很多白酒商家或者企业（尤其是一些小酒品牌）开始挖掘大排档渠道消费者，培养消费者口感，植入自我品牌。对于白酒品牌来说，如何操作大排档渠道？如何开展主题推广活动？如何选择合适的大排档和品牌结合呢？

笔者对目前全国在大排档渠道操作较好的品牌进行走访分析，对他们的成功关键点进行整合和总结，撰写此文，以供参考。

## （一）大排档渠道适应的酒水产品分类

**表3－2 大排档渠道适应的酒水产品分类**

| 产品分类 | 适应指数 | 备注 |
| --- | --- | --- |
| 小瓶酒 | ★★★★★ | 大排档渠道可谓是为小瓶酒和光瓶酒量身打造的渠道，众多选择大排档的消费者都会以啤酒、小瓶酒和光瓶酒为主要饮用对象。保健酒和鸡尾酒作为次选择对象，特别说明大排档饮用盒装酒的消费者自带较多，几乎不会选择摊点购买 |
| 光瓶酒 | ★★★★★ | |
| 保健酒 | ★★★ | |
| 鸡尾酒 | ★★★ | |

## （二）如何筛选优质大排档

选择优质的大排档是活动开展的基础保障，笔者认为可以从六个方面对大排档进行分析：

- 大排档位置，选择客流量大，消费者集中，交通便利的大排档。
- 大排档规模，对大排档的餐桌数量进行摸排，20 桌以上的大排档作为一个标准。
- 大排档上台率，选择三天对大排档进行蹲点调研，首选上台率较高的大排档。
- 大排档消费档次，对大排档的餐品价格进行分析，一般选择中等价位消费的大排档。
- 大排档的服务人员数量，建议选择服务人员在 8 人以上的大排档，便于后续配合联合开展推广活动。
- 大排档的消费人群，建议选择消费群以年轻一代为主的大排档。

通过以上六个方面对开展活动的大排档进行分析，最终选择合适的摊点开展推广活动。

## （三）确定大排档推广活动时间

活动时间建议：每日 17：30—23：00，大排档渠道和其他餐饮渠道不同，晚餐消费和消夜消费最集中。

### 1. 大排档白酒推广环节

①前期和大排档管理者洽谈，笔者建议以“活动奖励和销售返利”两种形式进行洽谈，在本大排档开展活动多长时间，给予一定的活动奖励。对于销售的所有产品，均给予一定的返利或者顺价利润，吸引大排档老板合作。

②确定中间消费者环节，笔者认为针对大排档的消费者推广，以

“爆炸式、趣味性、强参与”的形式最合适，例如：现场抽奖、才艺表演、瓶模展示、免费品鉴、扫码赢红包、舞台互动、购酒送烤串等，根据现场的活动场地和人员配备选择适合自己的活动形式。

●提前确定参与大排档推广的人员并进行系统培训，笔者建议每个大排档配备 3 人以上，要统一服装、统一话术、统一行动，既能引起消费者的好奇心，明白是某品牌在搞活动，又能提高整体品牌形象。

●制定标准的话术和语言，在活动过程中，要配备专业的话术。例如：产品的特点、产品的口感优势、产品介绍的开场白、主题活动的内容、奖项的分配、购酒的优惠等。笔者建议尽量全部落实到文字，让每个参与活动的工作人员熟记于心，还可以通过现场演练和考试做足准备。

●配备一系列的主题物料，如 POP、KT 板、海报、摆台、菜单、推拉贴、促销活动告知单、灯箱、帐篷、屏风、灯笼、舞台、品鉴酒、主题服饰、抽纸、人体气模、一次性纸杯、抽奖箱、奖品等，前期一定不要遗漏任何一个物品，主题促销品和推广物料均需要备齐。

●抽奖环节的主要内容，其中奖项设置一是和店老板合作，赠送烤串、花生、拼盘等，以吸引消费者；二是白酒品牌的主题促销品，以即奖即用的奖品为主，如主题打火机、主题水杯、主题 T 恤衫等，以促销品作为品牌宣传的载体。

●注意推广人员的工作内容，所有参与活动的工作人员不可强制向消费者推广。以经营大排档为主的摊点反感此举动，尽量配合大排档摊点的自有服务工作开展主题活动。把握活动的适度原则，让消费者“乐意”接受你的产品和活动。

●建立大排档主题活动分析档案，在活动开展过程中对每日的销售数据进行分析梳理，定期分析每家大排档的活动开展效果，及时做出分析调整，把最有优势的资源用到最好的大排档终端。

### 2. 大排档推广后续动作

在大排档的推广过程中，一定会吸引周边的大排档和竞争对手的注意。这时候商家应该抓住时机开展两项市场工作：一是尽快扩大产品终端布局面，把产品向周边的终端店和大排档“蔓延”，尽量保证一条夜市主街道都是你的产品，店店都有销售和活动，把产品的“势”造起来；二是构建核心消费者档案，在消费者参与活动的过程中尽量留下联系方式，便于后期开展活动告知，逐步将消费者培育成为核心客户群体。

### 3. 大排档推广活动核心关键点

①大排档适合小酒和光瓶酒的推广，盒装酒产品尽量不要选择大排档进行推广。

②开展活动的大排档必须配备专业的服务队伍，不要由大排档自主店员进行推广，整体效果会大打折扣。

③所有工作人员一定要进行系统培训，专业流程、专业术语以文字落实。

④选择一个具备“噱头”的推广主题，以口号的形式告知消费者，无形中把产品和品牌植入消费者的心中。

⑤在大排档推广白酒不仅仅是为了销售，扩大影响面和布局面是核心目的。

以上是笔者针对夏日白酒在大排档推广的一些见解，笔者认为在大排档聚饮的消费者多为“豪放派”的，在活动开展的过程中易被消费者认知和接受，便于整体活动的推广。因为一些新产品上市，均可以选择在大排档进行推广，培育核心消费者。

# 五、如何在酒店做品推赠酒活动

近几年，酒店渠道的作用逐渐被企业和商家重新重视，尤其是酒企的根据地市场或战略市场要高度重视酒店渠道开发和合作。酒店渠道作为消费者饮酒的第一场所，必然对消费者的培育至关重要。区域名酒的中端价位产品和次高端价位产品，更应该关注酒店渠道的运作，在运作过程中不仅可以巩固消费者认知，通过活动加强与终端、消费者之间的黏性，实现酒店客情维护与消费者培育；通过事件宣传，增强品牌产品传播。在品推的同时，实现竞品拦截（氛围、销售）、提升销量。到底如何运作酒店渠道？如何在酒店中开展一些活动？如何才能达到预期目的和效果？笔者根据策划省内部分白酒品牌的酒店品推活动，通过标准模板操作，规范执行过程，整理成文，以供商家和企业分享。

## （一）酒店品推活动基本信息

主要活动目标群体：高端酒店消费人群。

主要活动终端选择：品牌已经合作（进店）的中高端餐饮。

活动主题：××品牌畅销25年，回馈消费者。

活动时间：节假日晚餐，17：30－20：00。

活动开展店面数量：已合作并配合开展活动的酒店（不低于10家

才可开展）。

活动内容：进店或订餐的前 10 名消费者，消费满 1299 元赠 × × × 品牌 × × 产品一瓶。

活动宣传：

- 公司微信平台发布：时间、地点、活动、现场照片。
- 工作人员朋友圈发布：时间、地点、活动内容、现场照片。
- 展架、报刊架画面、台卡、宣传页制作。

备注说明：物料展示部分。

报刊架：画面更改为活动主题，摆放区域不变，或结合展架画面、区域进行。

展架：

- 画面：活动主题画面。
- 展示区域：终端入口、大厅、休息区、吧台两侧，每处一个。

台卡：

- 画面：活动主题画面。
- 区域：休息区茶几、就餐区餐桌、包厢内茶几，每处摆放 1 个。

吧台：

- 台卡、其他促销品（烟缸、牙签筒、文具、纸巾盒等）。
- 产品陈列单品两瓶组合陈列、价签。

其他：

- 宣传页每日每桌摆放 3 ~ 5 张，画册 2 份。
- 促销品摆放展示，在与酒店沟通后，尽量规范地大量摆放烟缸、牙签筒、速记本、笔等物料。
- 与酒店沟通，产品摆台最佳，摆台标准为“酒瓶 + 酒盒 + 产品小台架（台架标注品牌广告及摆放产品价格）”，圆桌摆放在中心位置，方桌摆放靠墙体或桌面内侧。

## （二）酒店品推活动执行

### 1. 活动前准备

• 销售人员与酒店关键人等沟通活动内容（酒店工作人员配合），酒店出具核销凭证（酒店赠酒桌次消费流水）、物料保管等。

• 首日销售人员于活动开始前 1～2 小时至终端网点，将物料摆放整齐。次日则由活动执行人领取物料补齐损耗。

• 与关键人及吧台人员沟通，及时准确了解订餐信息（就餐人员类型、预估金额等）、点菜金额等，再次明确活动内容，并得到酒店具体工作人员的帮助（在消费者点菜时进行活动宣传：××品牌××产品上市 25 周年，畅销 25 年，成为××市场名片，离不开广大消费者的支持，为回馈消费者举办品鉴活动）。

• 店内直接与消费者宣传并介绍活动：发放宣传单，有消费者驻足观看展架的上前介绍（你好，我是××企业员工，这是我们为庆祝××品牌××产品上市 25 周年，连续畅销 25 年举办的回馈活动，详细内容是……）。

• 盘库，酒店内销售产品贴标。

• 酒店工作人员（主要是吧台及服务人员）话术培训。

### 2. 活动执行

• 消费者点菜前，由活动执行人员或促销员推荐（形象佳，着装正式），酒店服务人员随同（避免消费者反感）。

●服务人员介绍：打扰各位，这是××集团员工，在本店举行（活动主题）活动，因大家前10名订餐（菜金消费满××元）、特定包厢等，特赠送××品牌××产品一瓶。

●活动执行人员话术：欢迎各位到××酒店进餐，在这里我代表××集团祝各位就餐愉快。××品牌××产品上市畅销25年，成为××市场名片，离不开广大消费者的支持。我把酒给大家满上（人较多，不够的情况下，要向消费者明确赠酒数量，消费者提出问题时要讲解酒店销售政策及酒店零售价格）；公司为监督我们工作，保证赠酒真实，希望各位（东主）留下称呼及联系方式，麻烦各位了，谢谢对我工作的支持和帮助！

### 3. 活动结束及取得核销凭证

●赠酒结束：再次感谢各位，不打扰各位就餐了（这时候已经取得联系方式，如果有问题或需要，可以随时打电话给我们），再见！

●取得核销凭证：带有标记的盒盖（特定防伪有编码的标记，在销售时直接撕下获取告知消费者领取礼品兑换资料凭证，公司留档核销）、活动申请（核销）表、销售开盒照片。

●费用核销流程：销售人员→费用核销申请单（申请人、电话、申请部门、申请目的、方案摘要、执行时间段、预计销量、费用类别、给付方式、附件详细的活动内容）→逐级批示意见（业务经理签字、市场总监签字、市场部签字）→督察部签字报备核查（各级按需求复印备案，其中市场部、财务部、督察部必须备案）→财务部→核销。

a）品鉴赠酒酒（盒）盖（特定标记，在赠送时直接拧开获取或就餐结束后获得，与消费者提前沟通告知，酒盖作为付账资料，需带走）；若消费者不进行现场品鉴，允许带走；在带走的情况下，必须有消费者持酒现场照片。

b）赠酒信息登记表。

c）现场照片（活动执行人员双手持赠酒于左胸前，包厢门外；照片附有日期证明，如报纸、彩票或时间水印等，消费者现场持酒照片）。

d）酒店桌次流水单。

附件：活动相关表格

**表3－3　品推活动申请（核销）表（模板）**

申请编号：

<table>
<tr><td>申请日期</td><td></td><td>申请人</td><td></td><td>电话</td><td></td></tr>
<tr><td>申请区域部门</td><td colspan="5"></td></tr>
<tr><td>申请目的</td><td colspan="5"></td></tr>
<tr><td>产品</td><td colspan="5"></td></tr>
<tr><td>方案摘要</td><td colspan="5"></td></tr>
<tr><td>费用形式</td><td>执行时间</td><td colspan="2">费用预算（元）</td><td colspan="2">实际使用（元）</td></tr>
<tr><td></td><td></td><td colspan="2"></td><td colspan="2"></td></tr>
<tr><td></td><td></td><td colspan="2"></td><td colspan="2"></td></tr>
<tr><td></td><td></td><td colspan="2"></td><td colspan="2"></td></tr>
<tr><td>合计（元）</td><td></td><td colspan="2"></td><td colspan="2"></td></tr>
<tr><td colspan="2">相关附件</td><td colspan="4">方案附件</td></tr>
<tr><td colspan="6">活动具体内容、形式、费用明细详见（附件）</td></tr>
<tr><td colspan="6">审批流程</td></tr>
<tr><td>分管领导意见</td><td colspan="5">销售总监签字（意见）<br>年　月　日</td></tr>
<tr><td>销售部审核并备档</td><td colspan="5">签字<br>年　月　日</td></tr>
<tr><td>市场部督察部审核</td><td colspan="5">签字<br>年　月　日</td></tr>
<tr><td>总经理</td><td colspan="5">签字<br>年　月　日</td></tr>
</table>

续表

| 留档 | |
|---|---|
| 内勤 | 留档（纸质版原件） |
| 备注：1. 本表适用于市场推广活动方案的申请及核销审批<br>2. 申请编号<br>3. 电子版、纸质版由内勤留档 | |

**表3－4　赠酒信息登记表**

| 活动开展终端名称 | | 联系方式 | |
|---|---|---|---|
| 赠酒领用人 | | 联系方式 | |
| 赠酒名称 | | 赠酒数量（瓶） | |
| 销售人员签字 | 年　月　日 | | |
| 经销商签字盖章 | 年　月　日 | | |
| 区域经理签字 | 年　月　日 | | |
| 销售总经理签字 | 年　月　日 | | |
| 督导签字 | 年　月　日 | | |
| 备注： | | | |

**表3－5　品推活动评估表**

| 开展时间 | | 开展区域 | | 活动内容 | | 活动目的 | |
|---|---|---|---|---|---|---|---|
| 申请人 | | 执行人 | | 执行地点 | | 活动效果 | |

续表

| 执行中遇到的问题 | | 问题解决方案（办法） |
| --- | --- | --- |
| | | |
| 活动总结 | | |

## （三）组织人员配备

基础服务团队：

• 酒店部业务员 2 人执行，主要负责与酒店谈判，沟通活动的内容，协调活动开展。

• 满 1299 元赠品鉴活动需驻店进行，活动执行人员 2 人。

• 消费赠礼活动酒店配合进行，无需驻店。

督察部：1 人参与品推活动，对申请、执行、核销过程监管、检查。

后台：财务 1 人对活动申请、核销进行审核、备案、检查、给付；司机 1 人负责产品、物料配送。

督查监管：

• 督察人员对提报的活动申请进行备案，根据申请进行过程检查。督查人员可以对申请活动进行否决或沟通后更改。

• 督察人员对活动执行现场全程跟随检查。根据申请资料对活动执行过程提出整改或停止。

• 督察人员对核销资料复查，对于过程、流程虚假、不符情况可提出整改或不予核销。

• 销售总监随机检查区域销售人员工作的执行情况。

• 区域经理、城市经理随机、跟随检查销售人员的执行情况。

- 活动执行出现问题的，销售人员、区域经理、城市经理、区域总监有连带责任，按照公司相关规定给予处罚。

## （四）品推活动操作核心注意要点

赠酒未消费的消费者可带走，在带走的情况下，要求消费者拍摄持酒照片，否则不予赠送。这会损害白酒的消费者口碑印象，反之毫无监管措施（针对酒店、赠酒执行人员），正品相对于品鉴装来讲，更容易造成虚假赠送，扰乱市场价格；若赠送小规格包装礼品酒或品鉴酒更容易操作，即使出现违规虚假赠送，但对市场价格影响小。

此活动需要人员较多，需多部门、多人员共同进行，活动时间为晚餐时间段，涉及人员加班、补助等，或活动期间作息时间修改。

以上内容是笔者对酒店品推活动的一些见解，企业或者商家在开展类似活动的时候，一定要对参加本次活动的人员进行系统的培训，尤其是关于活动的执行内容和产品的核心卖点解析。只有这样，活动才可以达到预期的效果。

# 第四章

# 如何做好商家服务

# 一、如何对经销商做管理

管理，严格意义上是指在特定的环境条件下，以人为中心，通过计划、组织、指挥、协调、控制及创新等手段，对组织所拥有的人力、物力、财力、信息等资源进行有效的决策、计划、组织、领导、控制，使其高效达到既定组织目标的过程。对白酒来说，管理经销商就是让经销商按照公司的要求进行营销活动。不过在管理经销商时，我们必须知道经销商的需求，知道经销商的关注点，这样我们才容易和经销商沟通，进而做到对经销商的有效管理。如何做好经销商管理？如何在市场操作过程中和经销商“打交道”，笔者根据多年的经销商管理经验，进行总结，以供参考。

## （一）在经销商管理过程中，清晰的自身定位

与经销商的关系是管理与被管理，主动服务与接受服务的关系。

要抱着管理的思路去想事情，抱着服务的态度去做事情，讲究适度指挥，提倡亲力亲为。

必须在公司的指导下开展工作，要对市场、对客户、对渠道有自己的见解。

充分发挥指导、协调、管理的作用。

明确自己对经销商管理的核心就是服务营销。

## （二）对经商管理的五大原则

建立“合作伙伴关系”及相互信任。辅助经销商的活动，不要采取会导致冲突的方式进行竞争。

了解经销商的经营业务。包括酒类业务和非酒类业务，同时了解运营状况如何。

限定经销商销售区域及责任，对“违法乱纪”现象明确禁止。

通过为经销商的业务增加价值，激励经销商销售我们的产品。

重点集中在经销商如何利用他们的资源来支持我们，利用我们的资源来支持他们。

## （三）经销商的分类及应对其管理基本策略

每个经销商都有不同的性格，和不同的经销商沟通，需要采取不同的沟通策略。所以需要对经销商进行分类：

- 自傲型：这类经销商仗着自己代理很多品牌，而且销量也比较大，向公司要政策、要支持、提条件。这个时候我们就要看透他的心理，他的目的就是多提要求，他相信会哭的小孩有奶吃。对于这种客户，我们就要善于周旋、坚持原则，不做任何让步。一般情况下，他们坚持一阵子都会让步，一定不要表现出被要挟的状态。
- 顺从型：这类客户没有太多的要求，公司的政策都能严格执行，对于这类客户，我们一般采取扶持的方法，支持其迅速发展，树立成样板市场和样板客户。

● 反抗型和对立型：这类客户的决策容易受到情绪和周边的人或事情的影响，往往会做出不理智的行为。如果他们对公司的各项政策不满时，总是会提出各种各样的借口而不执行公司的政策，有时候完全是为了反对而反对。对于这类客户，我们要通过了解对方的兴趣、爱好，找到共同的话题引导、改变他。

● 口是心非型：你和他沟通时总是答应得好好的，当你到市场去检查时，市场往往一点变化也没有，然后就会找各种借口，甚至质疑你的产品有问题。对于这类客户，就要经常督促他，不断（微信、电话、短信等形式）“骚扰他”。

## （四）经销商管理中扮演的角色

辅导员：定期通报公司的产品开发及生产信息；促销活动及销售策略等信息、灌输公司产品性能知识，尤其是新产品知识、培训销售技能、生动化陈列的标准、促销活动的事前培训、过程指导。

督导员：检查、推广公司全系列产品的推进要求、检查、督导促销活动，及时纠正问题；检查产品铺货、铺市率和效果。

计划员：检讨上年度的销售实绩、拟订年度销售计划、协助制定分解和落实销售计划、拟定合理的销售进货计划。

管理员：协助建立销售队伍、配销系统、规划销售区域，制定并落实新客户开发计划、定期检查库存，做到“先进先出”，防止不必要的退货，了解销售去向，避免跨区窜货。

信息员：收集消费需求，以及消费者对公司产品的意见、经销商及其客户对公司产品，以及销售公司产品的意见和建议、竞争对手的信息（品牌策略、价格政策、促销手段、新产品开发等）。

## （五）管理经销商四大模块

### 1. 销售状况管理

● 经销商的库存（进、销、存）。

● 经销商网络客户（尤其是重点客户）的产品库存。

● 整体产品销售信息（产品系列销售状况或单品销售状况）。

● 数据分析，分析市场的哪些产品销量好、哪些产品销量较差，对销量好（差）的产品采取什么策略。

● 计划分解，分产品、分渠道、分区域经销商任务分解。

● 计划落实和追踪，保持和经销商的管理、沟通，确保每项工作可以持续稳定的推进。

### 2. 经销商评估管理

必须经常保持最新的经销商的资料，主要包括：

➢销售所涵盖的地区。

➢经销的产品。

➢经销哪些厂商的产品。

➢现有经销产品与公司产品的冲突性。

➢业务员数量。

➢运输车辆数量及状况。

➢仓库大小及设施的先进性。

➢财务状况。

对经销商综合实力和目前销售贡献率状况进行评估，主要包括：

➢对销售额的贡献，经销商在一年内销量目标的完成情况，实际商店数和区域内的分销情况。

➢对利润的贡献，公司对经销商的投入花费与经销商销量之比是否合理。

➢客户满意程度，经销商为客户提供的服务质量，包括走单、送货、付款、理货、促销、走访等。

➢对市场稳定的贡献，经销商对价格和销售区域规定的遵守程度。

➢综合营销能力，经销商是否有精通业务的骨干人员，并熟悉公司及竞争对手的产品和服务情况。经销商对市场长期趋势和竞争变化是否有适应能力。

## 3. 经销商服务管理

良好的经销商服务，不仅使客户甚为感激，更能赢得人心和订单。

良好的售后服务已实现当初对客户的承诺，显示公司优良的信誉，稳定已有客户通过“服务”增强与客户关系，强化客户的“忠诚度”。获得市场信息，直接、间接获得客户对产品、对公司的需求；了解对手的信息。增加销售业绩，客户在良好的服务下乐意销售公司的产品，乐意推广公司的新产品。所以，区域经理在经销商管理的服务管理中主要做的工作包括：

➢培训灌输产品知识，提供销售技巧训练。

➢协助资源配置，组织销售队伍，建立配销系统。

➢规划销售区域，拟定拜访路线；开发、拜访、跟踪重点客户。

➢检查督促全系列产品的推广，辅导教育店头产品生动化布置。

➢库存管理、定期检查产品库存，严格先进先出。

➢售点广告选择和确认售点广告。

➢促销活动指导、督促和检查所进行的公司产品的促销活动。

➢回收货款、回收应付货款，做好信用调查。

➢收集信息、及时收集市场信息，提拟竞争策略和方法。

➢定期拜访经销商。

➢协同、随同经销商业务员拜访其客户。

➢参加经销商的业务会议。

➢定期与经销商进行业务检讨。

## 4. 经销商拜访管理

经销商拜访管理原则：规律联系、定期拜访。

天底下最难的事情就是把别人口袋里的钱赚到自己兜里来。如果只在销量任务完不成的时候去找经销商，见了面就“老三句”。时间一长经销商见你就怕，他知道你来就要让他进货、让他掏钱。下次见面你还没说话，他可能已经先说了：“对不起，今天没钱，不进货！”

种善因，得善果。如果你以做贸易的心态和经销商打交道，换来的一定是经销商的离心离德。正确的做法是和经销商建立合作做生意的关系。规律联系、定期拜访，你和经销商会从买卖关系变成盟友，成为真正的生意伙伴。

**拜访经销商动作七步法则：**

拜访经销商动作一，初步了解市场、整理经销商的“黑材料”（做得不足的地方）。

拜访经销商动作二，上传下达，尽好供应商的本分。

拜访经销商动作三，库存管理。

拜访经销商动作四，库存和陈列观念宣导。

拜访经销商动作五，终端市场走访、市场情况沟通。

拜访经销商动作六，建立客户资料，帮经销商维护边缘网络。

拜访经销商动作七，给经销商洗脑，力所能及地帮经销商完善管理程序。

附：经销商拜访周规划表，如表 4－1 所示。

**表 4－1　经销商拜访周规划表**

<table>
<tr><td colspan="3">下周工作计划</td></tr>
<tr><td>日期：</td><td>拜访路线</td><td>特例说明</td></tr>
<tr><td colspan="3">下周工作计划</td></tr>
<tr><td>日期：</td><td>拜访路线</td><td>特例说明</td></tr>
<tr><td>星期一</td><td></td><td></td></tr>
<tr><td>星期二</td><td></td><td></td></tr>
<tr><td>星期三</td><td></td><td></td></tr>
<tr><td>星期四</td><td></td><td></td></tr>
<tr><td>星期五</td><td></td><td></td></tr>
<tr><td>星期六</td><td></td><td></td></tr>
<tr><td>星期日</td><td></td><td></td></tr>
<tr><td colspan="3">主管指令：<br>签字：</td></tr>
</table>

以上内容是笔者对管理经销商的一些看法和见解，经销商管理的好与坏是衡量一个区域经理合格的重要指标，只有站在经销商的角度看市场，才能知道经销商在想什么事情、需要做什么事情。

# 二、如何做好经销商服务

白酒行业竞争激烈，商家服务已经成为企业和大商对下游客户的重要内容之一，同样关系着自我产品销售和稳步发展的持续性。始终要树立“客户第一”的服务理念，经销商就是我们的“第一客户”，在服务经销商的过程中，我们担当着许多角色：既是产品专家，又是销售高手；既要协调厂商关系，又要协调总经销与分销渠道的关系；既要协助经销商做好市场策划，又要做好活动执行；既要开拓渠道，又要帮助经销商做好团队的培训和提升等。笔者结合对部分企业的经销商服务模块调研和众多优秀区域经理的访谈，整理成文，以供分享。

## （一）合理认知厂商之间的贸易关系

首先，我们要认知到**“我们是通过经销商的渠道网络销售产品，不是把产品销售给经销商”**。这个核心理念一定要认知清晰，明确自己的位置和角色。

以经销商服务和产品销售为核心动作内容，切勿千方百计、花言巧语让经销商压货，只要销量任务完成，货款追回来就万事大吉、不见踪影。至于经销商的货卖得怎么样、卖什么价格、卖到哪里、有没有风险……一概与我无关。坚决杜绝这样的想法和理念。

企业和商家合作属于正常的贸易，作为企业或者（大商）的代表，更多是帮助经销商分析问题、解决问题、做经销商需要的事情，不可到经销商处“呼风唤雨”“吃拿卡要”等。

## （二）对经销商服务的八大模块

**模块一：想经销商所想，急经销商所急**

没有调查就没有发言权。

到市场的第一件事不是拜访经销商，而是通过走访市场、其他相关行业的客户朋友，调查了解市场情况，竞争对手的渠道、价格、产品、营销活动及在当地的市场占有率，特别是市场前三名的经营模式、规模及团队建设。

了解产品销售情况，由于各地市场情况不同，公司的产品在各地的销售情况也不同。了解经销商，哪些品种卖得快、哪些卖得慢，这样才可以指导经销商做好营销。

与经销商共同探讨、分析当地的市场情况，提出提升销量、品牌知名度、美誉度，提升团队销售服务水平等策略，并实现预订的销售目标和持续发展。

**模块二：做好经销商的参谋**

分析产品属性，制定合理的价格体系。根据公司的产品结构及当地的市场特点，制定“产品组合”及价格策略，以“产品组合”为导向，将不同系列的产品，分为“宝塔形”的产品价格体系，满足不同消费群体的需求：形象产品（暴利产品）、战略产品（利润产品）、明星产品（走量产品）、进攻性产品（竞争产品），并根据市场不同时期及竞争对手的产品策略，采取有针对性的“产品组合”及价格策略，最终的目的是：盈利、打压竞争对手，提高市场占有率、口碑和品牌知名度。

**模块三：成为经销商与公司的桥梁**

要逐步将自己搭建成为企业和商家的桥梁。例如：市场的费用核销、企业的重要政策或变化的告知、新产品上市的时间和策略、年度结算的流程、企业年度的战略发展方向等。在和商家的合作期间，一定要定期拜访经销商，做好经销商的基本告知工作和费用核销工作，不要让一些“细节”影响自己在经销商心目中的地位，造成不必要的影响。尤其是费用的使用、管控和核报，笔者在给经销商做培训的时候和区域经理说过，“费用”是区域经理与经销商产生矛盾的主要根源。

**模块四：经销商团队培训服务**

培训是对经销商最好的支持，重点做好产品、活动、推广、渠道、价格、团队等方面的培训。培训服务的前提是，白酒区域经理必须抱着自我学习的态度，首先自己对渠道、分销、消费者培育、市场建设、促销活动开展、团队管理等内容有充分认识，并且可以整理成系统的课件或者文章，然后讲给经销商的团队，辅导他们开展一线的市场动作。在这个工作的基础上，很多人沟通都没问题，主要是讲课或者培训的能力相对欠缺，这就需要我们不断地锻炼，或者参考一些专业的书籍。

**模块五：认真分析经销商的自我实力和承受能力**

分析经销商的自我实力和承受能力是对经销商自我资源充分掌控的必备服务内容，首先是经销商的自我实力，包括：资金实力、仓储物流、渠道掌控力、分销网络、团队建设、市场的诚信度、信誉度等，这是对经销商信息的基本掌控。主要目的是更好地了解经销商，便于做出正确的市场战略和战术层面的决策。因此，笔者认为要构建自己的经销商实力资料库，落实到文字和数据中。另外，还要掌控经销商的自我承受能力，认真分析经销商的承受能力，不能成为经销商的“催款员”。不能让经销商“超载”，成为经销商的“催款员”；也不能让经销商

“空载”，经销商无法最大限度发挥自身的潜力，主要是资金的承受能力。此项服务的主要目的是便于制定经销商的年度任务和打款进度，这项服务内容一般作为辅助工作来开展，一般在和客户达到一定的“关系密度”后才可以收获一定的数据。

**模块六：定期的经销商拜访和阶段性工作的推进、分析、调整**

经销商拜访工作是每个区域负责人必须开展的市场工作，其实每次在拜访经销商之前，必须考虑好本次拜访经销商的目的是什么？想要达到什么样的效果？想获得经销商的哪些方面的认可？对目前白酒经销商来说，自我的市场营销水平已经处于中高水平，区域经理如果无法“驾驭”经销商的需求就很难“走进他的心里”，也很难建立对我们自己的认知。笔者认为，我们不仅要想经销商所想，做经销商想做，还要行经销商所行，思经销商所思。

**模块七：不定期的经销商客情沟通，成为经销商的“小伙伴”**

笔者在做培训的时候，都会提到经销商客情的沟通和维护工作。客情直接影响产品在区域市场的销售，必须做好经销商客情关系维护，建立经销商详细的信息表。例如：经销商姓名、电话、生日、家庭成员状况、父母的生日、子女就读学校、夫妻结婚纪念日等，在特定的日子以××品牌的名义赠予一份祝福、表达一份心意。这些工作都是维护客情的形式，我们不仅要做执行人还要做有心人，尽量成为经销商的“心腹”“小伙伴”。不做空头许诺的事，重信并守诺，加强日常的情感交流，从朋友到好朋友，最后成为忠实的合作伙伴。

**模块八：协助经销商做好会销和双节的促销活动**

会销和双节的促销活动都属于经销商特定节点的服务内容，一般在中秋节之前和春节之前，经销商都会开展两场或者两场以上的订货会。这就需要提前和经销商沟通订货会的事宜，包括会议的时间、地点、流程、现场的政策、品牌的推广、现场的布置等内容，一定要做规划，切勿直接把此工作“甩”给经销商，这是经销商服务的大忌。

以上内容是笔者对经销商服务的一些看法和体会，希望对白酒的从业者有一定的启发作用。笔者认为，现在白酒行业品牌之间竞争强度大，很多经销商是多品牌经营，为经销商做好系统的服务也是为自己的品牌加分。只有把每一项服务做深做透、把每一项工作都落实到时间和节点，经销商才会认可你、认可你的品牌。

## 三、白酒会销操作执行模板

白酒会议营销在近几年一直被酒水企业和白酒经销商广泛应用，也属于集中“收款订货”的直接形式。同时，充分展现了会议营销的具体优势。白酒会销，首先在陌生市场短期内使产品与消费者直接见面，促成消费者的现场认购，公司不通过中间环节，直接获得产品利润。其次，营销团队做白酒会议营销，对一个县级、一个市级或某一区域经过1次或3~4次会议营销，可在短期内迅速建立起一个庞大的营销网络渠道。最后，可对当地陌生市场的大客户、重点客户建立供销关系。为建立团购网络，对陌生的重点客户提供了接触、洽谈、确认购买、争取重点客户的机会，使原消费其他酒品的重点客户，有机会开始消费本公司产品，为重点客户攻关，提供展示发挥营销技巧的机会。对于白酒的会销执行和基本操作流程，笔者结合曾经组织过的一些白酒会销活动，分享以下经验。

## （一）会销活动的基本信息确定

活动时间：2020 年 12 月 29 号下午（示例）

会议开始时间：14：00

晚宴开始时间：17：30

活动地点：广州万达希尔顿酒店××厅（示例）

活动主题：××品牌广东市场鉴赏会（示例）

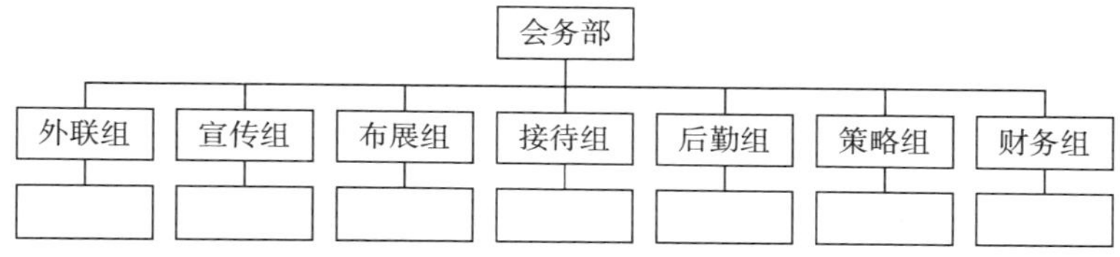


**图 4－1　会销活动的组织分工**

## （二）会销活动的组织分工

### 1. 会务部

成员：成员姓名

统筹所有职能小组的工作进度，保障所有工作按质按量按期完成；定期召开工作进度会议，发现问题及时沟通、及时解决。

## 2. 外联组

责任人：成员姓名

主要职责：嘉宾邀请。如表4－2所示。

**表4－2　外联组主要职责**

| 序号 | 主要工作内容 | 时间节点 | 负责人 | 备注 |
| --- | --- | --- | --- | --- |
| 1 | 参会人员数量初步确定（包括终端老板、团购经纪人、团购客户） | | | |
| 2 | 填写请柬与派送请柬 | | | |
| 3 | 最终赴会嘉宾人员名单确认汇总 | | | |
| 4 | 嘉宾花名册、嘉宾座次安排 | | | |
| 5 | 代驾服务（准备100代驾） | | | |

## 3. 宣传组

责任人：成员姓名

主要职责：物料设计与制作跟进；演员筹备及节目彩排。如表4－3所示。

**表4－3　宣传组主要职责**

| 序号 | 主要工作内容 | 时间节点 | 负责人 | 备注 |
| --- | --- | --- | --- | --- |
| 1 | 宣传软文×篇 | | | |
| 2 | 鉴赏会媒介宣传计划 | | | |
| 3 | 鉴赏会媒介宣传落实跟进 | | | |
| 4 | 主画面更换 | | | |
| 5 | 物料设计 | | | |
| 6 | 设计制作物料验收 | | | |

续表

| 序号 | 主要工作内容 | 时间节点 | 负责人 | 备注 |
|---|---|---|---|---|
| 7 | 现场物料布置跟进 | | | |
| 8 | 演艺敲定（演出曲目、音响器材、主持人、礼仪人员） | | | |
| 9 | 演艺最终确定 | | | |
| 10 | 主持人确定 | | | |
| 11 | 会场舞台效果调试 | | | |
| 12 | 彩排时间 | | | |
| 13 | 主持人串词编写 | | | |

## 4. 布展组

责任人：成员姓名

主要职责：会场布置。如表4－4所示。

表4－4　布展组主要职责

| 序号 | 主要工作内容 | 时间节点 | 负责人 | 备注 |
|---|---|---|---|---|
| 1 | 现场布置物料清单编制 | | | |
| 2 | 现场布置所需物料制作跟进 | | | |
| 3 | 物料运送车辆确定与调度 | | | |
| 4 | 所有物料运抵到达时间 | | | |
| 5 | 按实际情况进行现场布置 | | | |
| 6 | 酒店提供物料补充及落实 | | | |

续表

| 序号 | 主要工作内容 | 时间节点 | 负责人 | 备注 |
| --- | --- | --- | --- | --- |
| 7 | 现场设备协调与调试 | | | |
| 8 | 会场布置最终检查 | | | |

## 5. 接待组

责任人：成员姓名

主要职责：礼仪、接待人员工作安排与培训。如表4－5所示。

**表4－5　接待组主要职责**

| 序号 | 主要工作内容 | 时间节点 | 负责人 | 备注 |
| --- | --- | --- | --- | --- |
| 1 | 酒店提供服务人员岗位安排 | | | |
| 2 | 工作人员、礼仪人员岗位安排 | | | |
| 3 | 有针对性的服务知识、具体细则的培训工作 | | | |
| 4 | 工作人员彩排 | | | |

## 6. 后勤组

责任人：成员姓名

主要职责如表4－6所示。

**表4－6　后勤组主要职责**

| 序号 | 主要工作内容 | 时间节点 | 负责人 | 备注 |
| --- | --- | --- | --- | --- |
| 1 | 所需采购物品清单编制 | | | |

续表

| 序号 | 主要工作内容 | 时间节点 | 负责人 | 备注 |
|---|---|---|---|---|
| 2 | 根据采购物料清单询价、采购 | | | |
| 3 | 宴会用酒、礼品用酒运输保管 | | | |

## 7. 策略组

责任人：成员姓名

主要职责如表 4 – 7 所示。

表 4 – 7　策略组主要职责

| 序号 | 主要工作内容 | 时间节点 | 负责人 | 备注 |
|---|---|---|---|---|
| 1 | 活动政策及执行方案的制定 | | | |
| 2 | 协助选择演艺（人员） | | | |
| 3 | 协助物料准备 | | | |
| 4 | 协助会场布置 | | | |
| 5 | 协助会场接待 | | | |

## 8. 财务组

责任人：成员姓名

主要职责如表 4 – 8 所示。

表 4 – 8　策略组主要职责

| 序号 | 主要工作内容 | 时间节点 | 负责人 | 备注 |
|---|---|---|---|---|
| 1 | 客户收款 | 会议定购环节 | | |

## （三）现场打款政策

### 1. ××品牌打款活动政策内容（示例）

表4－9 ××品牌打款活动政策内容（示例）

| 产品 | ××品牌××产品（1980元/件） | | | |
|---|---|---|---|---|
| 订购件数 | 30 | 50 | 100 | 200 |
| 合计金额 | 59400 | 99000 | 198000 | 396000 |
| 政策内容 | 赠送价值8500元礼品（苹果手机） | 赠送价值1.6万元礼品 | 赠送价值3.5万元礼品 | 赠送价值8万元礼品 |
| 抽奖券 | 赠抽奖券6张 | 赠抽奖券10张 | 赠抽奖券20张 | 赠抽奖券40张 |
| 产品 | ××品牌××产品（2980元/件） | | | |
| 件数 | 15 | 30 | 50 | 100 |
| 合计金额 | 44700 | 89400 | 149000 | 298000 |
| 政策内容 | 赠送价值4500元礼品 | 赠送价值1万元礼品 | 赠送价值1.8万元礼品 | 赠送价值4万元礼品 |
| 抽奖券 | 赠抽奖券4张 | 赠抽奖券9张 | 赠抽奖券15张 | 赠抽奖券30张 |
| 产品 | ××品牌××产品（1280元/件） | | | |
| 件数 | 40 | 70 | 100 | 200 |
| 合计金额 | 51200 | 89600 | 128000 | 256000 |
| 政策内容 | 赠送价值8000元礼品（苹果手机） | 赠送价值1.6万元礼品 | 赠送价值2.5万元礼品 | 赠送价值5.5万元礼品 |

续表

| 抽奖券 | 赠抽奖券 5 张 | 赠抽奖券 9 张 | 赠抽奖券 13 张 | 赠抽奖券 26 张 |
|---|---|---|---|---|
| 备注 | 政策内容、赠送礼品根据实际情况制定，赠送礼品以实物为准 | | | |

其他类型礼品推荐：京东礼品卡、苏宁礼品卡、笔记本电脑、单反相机、手表、电视机、超市购物卡、商场购物卡、黄金首饰、红木家具、旅游套餐、高档冰箱。礼品需让客户感受到价值，并且是客户日常会用到的物品。

### 2. 满金额奖励（示例）

**表 4－10　满金额奖励（示例）**

| 打款方式 | 坎级标准 | 活动政策赠送礼品（实物礼品） |
|---|---|---|
| 现场打款 | 10 万元 | 2 件××品牌××产品 |
| | 20 万元 | 4 件××品牌××产品＋2 件××品牌××产品 |
| | 40 万元 | 8 件××品牌××产品＋6 件××品牌××产品 |
| | 100 万元 | 25 件××品牌××产品 |

### 3. 抽奖券活动设置

抽奖券分为两部分：一部分由打款客户自留，作为抽奖兑奖使用；另一部分投入抽奖箱，作为抽奖使用。每张奖券有不同编号。

奖项设置：

➢一等奖 1 名：欧洲 7 日单人游（价值 1 万元）。

➢二等奖 3 名：平板电脑 1 台（价值 3000 元）。

➢三等奖 5 名：价值 1500 元。

➢纪念奖 10 名：××品牌××产品系列一箱。

抽奖活动在晚宴时间开展，调动现场客户积极性。

### 4. 设置最大打款金额奖励

神秘大奖：当天现金打款最多的一位客户，根据当天最大打款金额数量设定大奖。

➢ 20 万元以内（定多少产品送价值多少钱的产品）。

➢ 30 万元以上（送汽车一辆，根据打款金额设定汽车类型）。

### 5. 现场微信红包

现场工作人员建微信群（××品牌广州鉴赏会群），现场所有人员拉入群参与。

活动开始由客户在微信群里分三次发红包，每次 1000 元。

微信群建立后，可长期维护为团购客户群。

## （四）客户打款节奏

各业务员应做好客户打款的三次沟通：

第一次沟通：邀约期间，业务员与客户应做到第一次深度沟通，应当向客户介绍××品牌的产品相关信息，并了解客户可能会打多少款、意向产品是什么、客户有多少人参会、是否需要住宿。

第二次沟通：会议开始前，业务员应做好与客户的第二次深度沟通，进一步了解客户的意向产品、客户会打多少款。

第三次沟通：会议进行与晚宴期间，业务员应做好与客户的第三次深度沟通，业务员应当积极调动客户的情绪，引导客户现场打款。

## （五）会议筹备工作

### 1. 酒店选择

会议地点需提前一个月筛选，筛选标准：

➢酒店档次：原则上要求星级酒店，或省大型会议承办宾馆、酒店。

➢酒店费用符合费用预算。

➢会场能够容纳足够的参会人员（以预期参会人数上浮10%为人数标准）。

➢宾馆能够提供足够数量的房间供参会人员入住。

➢会场场地宽敞，无柱子遮挡，视野开阔，具有足够的空间能够进行产品陈列。

➢酒店位置交通便利，有足够的停车场供参会嘉宾停车。

➢至少提前三周预订酒店，提前与酒店营销部人员沟通会场布置事宜。

### 2. 会展公司的选择

会展公司需提前20天进行筛选，筛选标准：

➢价格合理（需多问几家报价，与当地市场价偏离程度）。

➢会展公司负责人专业程度高，组织过大型的酒水产品上市发布会。

➢能够提供其他支持，如专业的摄影师、摄像师、礼仪人员等。

➢实际操作经验丰富，有成功案例。

➢必要时与会展公司说明会议内容，要求会展公司提出活动初步方案。

### 3. 召开筹备会议

会销开展前一个月，召集公司参与此次会销的人员、项目组、经销商工作人员与协办单位人员参加会销筹备会议，对活动形式、活动关键点、人员分工情况、酒店、会展（广告）公司的选择及物料准备等事项进行说明，并成立会务领导工作小组，组织大型品鉴会开展。

### 4. 微信群的建立

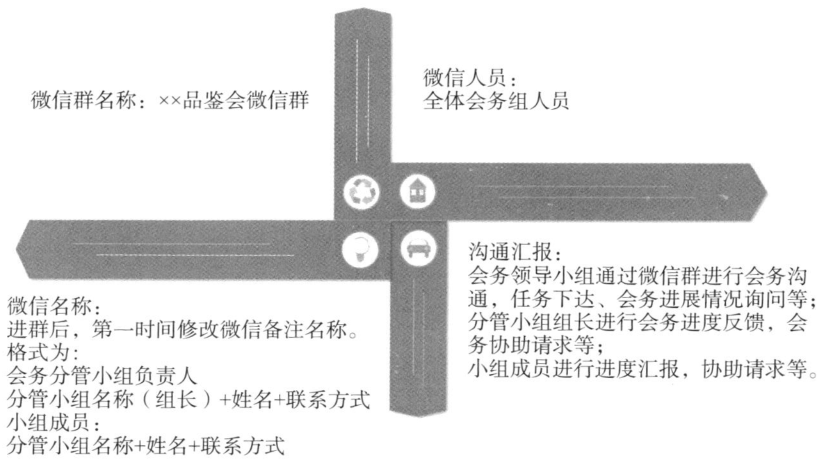


**图4－2　微信群**

## 5. 物料清单的筹备

本清单为鉴赏会基本清单，后勤组根据现场实际情况进行设计、尺寸测量等，需要提前设计的在12月15日前完成设计，所有物料保证在12月25日之前全部完成制作或购买，确保全部物料配备到位。如表4－11所示。

**表4－11　物料清单**

| 序号 | 物料名称 | 规格 | 数量 | 制作周期 | 完成情况 | 备注 |
| --- | --- | --- | --- | --- | --- | --- |
| 1 | 电子邀请函 | | | 12月15日前完成设计 | | 设计制作 |
| 2 | 纸质版邀请函 | | | 12月15日前完成设计 | | 设计制作 |
| 3 | 嘉宾礼品 | | | | | |
| 4 | 礼品袋 | | | | | |
| 5 | 中性笔 | 普通规格 | | 12月25日前完成购买 | | 采购 |
| 6 | 工作证嘉宾牌 | 标准规格 | | 12月25日前完成购买 | | 设计制作或购买 |
| 7 | 活动水牌 | 根据酒店水牌尺寸 | | 12月25日前完成制作 | | 内容根据具体位置设定 |
| 8 | 水牌架 | —— | | 12月28日配备到位 | | 酒店提供 |
| 9 | 门型展架 | 固定尺寸 | | 12月15日前完成设计，12月25日前完成制作 | | 内容根据具体位置设定 |

续表

| 序号 | 物料名称 | 规格 | 数量 | 制作周期 | 完成情况 | 备注 |
| --- | --- | --- | --- | --- | --- | --- |
| 10 | 签到桌、桌布 | | | 12月25日中午配备到位 | | 桌子由酒店提供 |
| 11 | 礼仪绶带 | —— | | 12月25日前完成制作 | | 设计制作 |
| 12 | 桌牌 | —— | | 12月28日前完成制作 | | 设计制作 |
| 13 | 主桌座次表 | —— | | 12月28日前完成制作 | | 根据人员设计制作 |
| 14 | 主桌座位牌 | —— | | 12月29日前完成制作 | | 根据人员设计制作 |
| 15 | 签到本（配笔） | 常规规格 | | 12月25日前完成购买 | | 公司设计，制作 |
| 16 | 签到墙（带钢架） | | | 12月23日前完成设计，12月25日前完成制作 | | 根据现场尺寸制作 |
| 17 | 签到墙用笔 | 常规规格 | | 12月25日前完成购买 | | 采购 |
| 18 | 演讲台用鲜花篮 | 常规标准 | | 12月25日中午配备到位 | | 采购 |
| 19 | 手提电脑 | —— | | 12月25日中午配备到位 | | 酒店提供、自带 |
| 20 | 产品手册 | —— | | 12月25日中午配备到位 | | 各300本 |
| 21 | 刷卡机 | | | 12月25日中午配备到位 | | 自带 |
| 22 | 财务用笔 | | | 12月25日前完成购买 | | 自备 |

续表

| 序号 | 物料名称 | 规格 | 数量 | 制作周期 | 完成情况 | 备注 |
|---|---|---|---|---|---|---|
| 23 | 财务收据 | 标准收据 | | 12月25日前完成购买 | | 购买 |
| 24 | 盖章印泥 | | | 12月25日前完成购买 | | 购买 |
| 25 | 相机一部 | | | 12月25日中午配备到位 | | 公司自备 |
| 26 | 大师书写用笔 | | 12月28日配备到位 | | 购买 | |
| 27 | 大师绘画用笔 | | | | | |
| 28 | 绘画用纸 | | | | | |
| 29 | 书法用纸 | | | | | |
| 30 | 印泥 | | | | | |
| 31 | 书画用墨 | | | | | |
| 32 | 书法用墨 | | | | | |
| 33 | 书画台 | | | 12月25日中午配备到位 | | 酒店协商提供 |
| 34 | 宴会用酒 | | | 12月25日配备到位 | | 根据实际情况确定 |
| 35 | 会议饮用水 | | 12月28日前完成购买 | | | |
| 36 | 宴会饮料 | | | | | |
| 37 | 宴会水果 | | | | | |
| 38 | 现场展示艺术品 | | | 12月25日中午配备到位 | | 公司提供 |
| 39 | 会展服装 | | | | | 按公司LOGO统一制作 |

## （六）客户邀请及接待

### 1. 客户邀请工作

筛选有潜力、有意向的客户。

应当由业务员当面将邀请函交给客户，非常重要的客户应由公司高层当面邀请，外省客户可发送电子邀请函以示邀请，邀请函上应标注客户所在的桌次。

### 2. 会议当天客户确认

会议前一天晚上，各业务员应当向客户电话确认客户能否及时到会，以及前往会场的交通方式，如若是开车前来，应告知接待处负责人，需准备的停车券数量。

会议当天早上，各业务员应当再次向客户发送提醒短信，内容为“尊称 + 天气状况 + 穿衣提醒 + 参会时间、地点”。

会议当天中午询问客户是否已经出发，核实客户是否真的知道会议的具体地点。

### 3. 参会人员的接待

对于重要客户可安排车辆接送，由负责人提前申请。

参会经销商由各区域负责人全程跟踪服务。

对于所有参会人员，各区域负责人应与其随时保持紧密联系，确保正点到达。

## 4. 住宿、餐饮安排

会务后勤组根据参会数量，与酒店方协调、预订酒店房间数量，解决会议当天参会嘉宾的住宿问题。

会务后勤组根据参会人员数量，与酒店方沟通会议期间参会人员的餐饮问题。

## 5. 桌（座）次安排

同一业务员的客户区域尽量安排同一区域（便于政策宣传）。

同一区域客户尽量安排同一桌（方便大区经理与客户间的交流）。

主桌嘉宾单独制作嘉宾名牌，根据会议当天到会情况安排座次。

## （七）活动内容及流程

### 1. 活动流程

表4－12　活动流程

| 时间安排 | 流程名称 | 具体内容 |
| --- | --- | --- |
| 11：00—13：57 | 嘉宾签到（暖场从13：30开始） | 所有工作人员、礼仪人员到位，现场所有布置安排就位，暖场音乐开始播放<br>1. 接待组一楼大厅做好人员分工、参会嘉宾引导及接待工作，具体包括酒店大门引导、酒店大厅引导、签到区接待、签到墙签到留影、电梯引导、宴会厅接待等工作<br>2. 做好参会嘉宾会场内接待工作，做好会场内的艺术品介绍，引导参会嘉宾欣赏现场产品<br>3. 主会场内前期以播放舒缓音乐为主，会议开始前30分钟暖场，播放《××品牌××产品宣传片》<br>4. 会议开始10分钟后，一楼接待处保留3人进行接待工作，会议开展30分钟后，停止接待工作，原则上不再允许人员进入 |
| 13：57—14：00（3分钟） | 主持人催场开场倒计时 | 1. 会场音响、灯光、LED显示屏最后调试完毕，会展公司保证会议顺利开展<br>2. 会议开始前3分钟，主持人催场，提醒嘉宾入座<br>3. 每隔一分钟催场一次 |

续表

| 时间安排 | 流程名称 | 具体内容 |
| --- | --- | --- |
| 13：57—14：00（3 分钟） | 主持人催场开场倒计时 | 4. 最后以“十秒倒计时”的形式开场，倒计时光束进行同步配合，音响推高，要有很强的节奏感 |
| 14：00—14：08（8 分钟） | ××开场表演 | 1. 场务人员结合演出节目，与演员沟通，节目开始前确保所有物料、设备到位<br>2. 会场灯光调暗，背景墙全程展示表演过程<br>3. 后台总控与演员结合背景音乐，适时播放 |
| 14：09—14：19（10 分钟） | 播放宣传片 | 1. 播放××品牌××产品宣传片<br>2. 灯光、音响同步配合，主持人候场时灯光调暗，主持人出场采用追光<br>3. 宣传片结束，主持人介绍来会嘉宾 |
| 14：20—14：35（15 分钟） | 会议主办方董事长致辞 | 1. 会议主办方董事长做会议开幕致辞（时长 15 分钟，讲话内容见讲话稿）<br>2. 主持人做好舞台衔接，礼仪人员做好舞台接待工作<br>3. 后台人员做好背景主画面的切换工作 |
| 14：36—14：46（10 分钟） | ××方面表演 | 1. 场务人员结合演出节目，与演员沟通，节目开始前确保所有物料、设备到位<br>2. 会场灯光调暗，背景墙全程展示表演过程<br>3. 后台总控与演员结合背景音乐，适时播放 |
| 14：47—15：17（30 分钟） | ××品牌所属企业领导讲话 | 1. 主要为现场打款政策宣讲<br>2. 主持人做好舞台衔接，礼仪人员做好舞台接待工作<br>3. 后台人员做好背景主画面的切换工作 |
| 15：18—15：28（10 分钟） | ××品牌××产品走秀 | 1. 场务人员结合演员节目，与演员沟通，节目开始前确保所有物料、设备到位<br>2. 会场灯光调暗，背景墙全程展示表演过程<br>3. 后台总控与演员结合背景音乐，适时播放 |

续表

<table>
<tr><th>时间安排</th><th>流程名称</th><th>具体内容</th></tr>
<tr><td>15：29—15：44（15 分钟）</td><td>评酒大师讲解品鉴方法</td><td>1. 白酒的风味特点、品鉴方法、调酒和品酒的趣事逸闻。既有知识性、指导性，又有趣味性，调动来宾的品鉴兴趣<br>2. 主持人做好舞台衔接，礼仪人员做好舞台接待工作<br>3. 后台人员做好背景主画面的切换工作</td></tr>
<tr><td colspan="3">晚宴环节（17：30 开始）</td></tr>
<tr><td>2 分钟</td><td>致祝酒词</td><td>1. 主持人宣布晚宴开始，由公司 × × 致祝酒词（祝酒词见稿件）<br>2. 每桌服务人员做好餐桌服务工作，保证每位嘉宾酒杯有酒，并引导嘉宾做好互动<br>3. 灯光、音响同步，后台总控做好背景画面切换工作</td></tr>
<tr><td>用餐开始后 20 分钟</td><td>书画环节</td><td>1. 书画、书法表演环节，舞台人员做好书法物料准备工作<br>2. 书画表演嘉宾：× × ×，书法表演嘉宾：× × ×<br>3. 主背景墙跟踪展示<br>4. 作品完成后大师进行讲解</td></tr>
<tr><td rowspan="2">在书画环节进行中开启抽奖（书画环节：20 ~ 30 分钟）</td><td>抽取三等奖</td><td>1. 奖项设置：三等奖 × 名，奖品为：× × ×<br>2. 嘉宾上场时进行追光，抽奖时灯光锁定<br>3. 抽奖过程背景墙全过程展示<br>4. 做好中奖者拍照留影工作<br>5. 颁奖嘉宾：× × ×</td></tr>
<tr><td>抽取二等奖</td><td>1. 奖项设置：二等奖 × 名，奖品为：× × ×<br>2. 嘉宾上场时进行追光，抽奖时灯光锁定，中奖者上台领奖时进行追光<br>3. 抽奖过程背景墙全过程展示<br>4. 做好中奖者拍照留影工作<br>5. 颁奖嘉宾：× × ×</td></tr>
</table>

续表

| 时间安排 | 流程名称 | 具体内容 |
| --- | --- | --- |
| 在书画环节进行中开启抽奖（书画环节：20 ~ 30 分钟） | 书画作品完成 | 1. 一等奖作品临近 5 分钟结束时主持人进行现场提醒，全场共同见证一等奖作品的完成，最后 5 分钟主背景墙跟踪展示<br>2. 作品完成后大师进行艺术品的讲解 |
| | 抽取一等奖 | 1. 奖品设置：一等奖 × 名，奖品为：× × × 的书画作品<br>2. 嘉宾上场时进行追光，抽奖时灯光锁定；中奖者上台领奖时进行追光<br>3. 抽奖过程背景墙全过程展示<br>4. 做好中奖者拍照留影工作<br>5. 颁奖嘉宾：× × × |
| 奖券抽奖环节（15 分钟） | 抽取三等奖 | 1. 奖项设置：三等奖 × 名，奖品为：× × ×<br>2. 嘉宾上场时进行追光，抽奖时灯光锁定<br>3. 抽奖过程背景墙全过程展示<br>4. 做好中奖者拍照留影工作<br>5. 颁奖嘉宾：× × × |
| | 抽取二等奖 | 1. 奖项设置：二等奖 × 名，奖品为：× × ×<br>2. 嘉宾上场时进行追光，抽奖时灯光锁定，中奖者上台领奖时进行追光<br>3. 抽奖过程背景墙全过程展示<br>4. 做好中奖者拍照留影工作<br>5. 颁奖嘉宾：× × × |
| | 抽取一等奖 | 1. 奖品设置：一等奖 × 名，奖品为：× × × 的书画作品<br>2. 嘉宾上场时进行追光，抽奖时灯光锁定；中奖者上台领奖时进行追光<br>3. 抽奖过程背景墙全过程展示<br>4. 做好中奖者拍照留影工作<br>5. 颁奖嘉宾：× × × |

续表

| 时间安排 | 流程名称 | 具体内容 |
| --- | --- | --- |
| | 颁发打款最大金额奖（5分钟） | 1. 奖项设置：一名，奖品为：××× <br>2. 嘉宾上场时进行追光，抽奖时灯光锁定，中奖者上台领奖时进行追光<br>3. 抽奖过程背景墙全过程展示<br>4. 做好中奖者拍照留影工作<br>5. 颁奖嘉宾：××× |
| | 送客环节 | 1. 主持人宣布本次会议结束，感谢大家的到来<br>2. 每桌公司人员提醒离场嘉宾携带好随身物品<br>3. 会场前厅礼品发放人员做好参会嘉宾的奖品领取与登记工作（每张礼品券均有豪华大礼包一份） |

## 2. 活动内容

广告公司提供一个开场表演、一个舞蹈表演。

广告公司提供一个产品走秀。

## 3. 现场工作人员清单

表4－13　现场工作人员清单

| 序号 | 主要工作人员 | 数量 | 备注 |
| --- | --- | --- | --- |
| 1 | 礼仪小姐 | 4名 | 广告公司 |
| 2 | 开场表演者 | 1名 | 广告公司 |
| 3 | 舞蹈表演 | 4名 | 广告公司 |
| 4 | 产品走秀 | 4名 | 广告公司 |
| 5 | 主持人 | 2名（一男一女） | 广告公司 |

续表

| 序号 | 主要工作人员 | 数量 | 备注 |
|---|---|---|---|
| 6 | 前台接待人员 | 2 名 | 酒店提供 |
| 7 | 嘉宾服务人员 | 10 名 | 酒店提供 |
| 8 | 现场工作人员 | ××名 | 业务员 |
| 9 | 安保人员 | 6 名 | 酒店提供 |

## 4. 现场工作执行

着装与规范：

➢所有现场服务人员必须按照以上标准执行。

➢所有服务人员不得入桌，全程为客户提供服务和帮助。

**表 4－14　现场工作人员岗位安排与调度**

| 1 | 现场工作人员岗位安排与调度 |
|---|---|
| 1.1 | 酒店外工作人员（3 人） |
| | 协助酒店保安泊车，确保车辆进出有序<br>协助客户代驾服务 |
| 1.2 | 签到处工作人员（3 人） |
| | 安排一位工作人员负责引导嘉宾签到<br>一人负责签到<br>一人从嘉宾座次表中确认嘉宾座位号，并将座位号转达给礼仪人员<br>话术：欢迎光临，请在这里签名 |
| 1.3 | 签名墙工作人员（2 人，与签到处礼仪人员共 6 人） |
| | 等嘉宾在“签到簿”签到后引至签名墙<br>话术：欢迎参加“××品牌广东市场鉴赏会”，请到签名墙签名留念<br>签到处礼仪人员负责在“签名墙”引导客户 |

续表

| 1 | 现场工作人员岗位安排与调度 |
|---|---|
| 1.4 | 堆头、展架产品陈列区工作人员（3人） |
|  | 每1~2个堆头安排一名工作人员<br>负责对××品牌、产品、历史等讲解，展示产品形象 |
| 1.5 | 现场预购环节服务人员（10人，桌长不在此人数范围） |
|  | 桌长主持，客人写订单<br>经销商业务及企业业务每个人负责各自管理终端的桌次，负责协助活动政策解说，协助“终端老板或意见领袖”对邀请的客户进行订单下达，引领刷卡，上台抽奖引导 |
| 1.6 | 收款环节（5人） |
|  | 出纳3名，负责收款，刷卡<br>现金会计1名，负责收款，收刷卡单、现金入账，开取现金收取票据和回执单<br>协助人员1名，负责抽奖券的发放 |
| 1.7 | 配合工作人员发放礼品（3人） |
|  | 在宴会结束之前发放礼品，确保会议现场秩序<br>礼品为“礼品袋+品鉴手册+获奖酒品” |
| 2 | 礼仪人员岗位安排与调度 |
| 2.1 | 签到处礼仪人员（4人） |
|  | 在工作人员确认客人签名墙留念后，负责引导进入主会场<br>引导：你好！请里边走！ |
| 2.2 | 开场后上台嘉宾引导（礼仪2人） |
|  | 引导每位上台讲话嘉宾上台讲话<br>站立于舞台一侧 |
| 3 | 酒店工作人员安排与调度 |
|  | 保安人员引导车辆有序进出<br>休息区酒店人员2名<br>宴会厅酒店工作人员10名 |

以上为笔者对会销操作执行的细节内容的想法和见解。笔者认为，对于白酒的会销来讲，最重要的就是政策制定、客户精准邀请和打款节

奏的把控。由于会议营销为团队作战，解决了新业务员信心不足、业务不熟悉、做白酒做不下去而流失的问题。白酒会议营销为争夺白酒市场份额，搭建了一个平台，发挥多方面的力量去影响客户。例如：商务客户力量、意见领袖的品鉴力量、厂商合作力量、团队力量等，达到客户购买的目的，业务员也可以借势，借力攻关拿下重点客户。为终端消费者的决策提供了影响氛围，影响其决策和及时购买，并使消费者提高购买量，增加和加大酒的销售，使公司产品牢固地占据市场。为宣传公司产品搭建了一个有影响力的平台，产品渗透市场有深度、有广度、有信任度，为打击假酒提供有效的方法，让消费者有安全感。

## 四、小型品鉴会如何开

白酒品鉴会是在核心消费者中树立良好的口碑，培养核心人群的品牌忠诚度。通过对消费者的“公关”和品牌体验来树立品牌消费意向，重点不在于频次，而在于被邀请人的影响力、地位、消费能力、扩散能力，从而带动自己和身边的人去消费本品牌。那么一场好的品鉴会如何操作？笔者结合多年的实战经验和优秀案例进行总结，供大家参考。

## （一）关于品鉴会类型和品鉴会活动目的

### 1. 关于品鉴会类型

①新产品上市品鉴会——针对渠道客户、团购客户。

时间：新产品上市三个月内。

邀请对象：业务开展区域内优质渠道客户、经销商团购客户，终端背后的核心消费者。

品鉴目的：通过上市品鉴会，对目标人群进行初步的培育，在区域市场制造产品的影响力。

②走出去一桌式品鉴会——渠道客户品鉴会。

品鉴时间：根据市场情况不定期举行。

邀约对象：烟酒店渠道优质客户（含已合作终端及目标合作终端）。

品鉴目的：增强渠道客户信心，促成合作或将产品打造成终端店优先推荐产品。

③请进来一桌式品鉴会——渠道、团购品鉴会。

品鉴时间：根据市场情况不定期举行。

邀约对象：经销商团购客户及烟酒店背后团购资源。

品鉴目的：培育核心忠实消费者，形成产品的持久销售。

### 2. 品鉴会活动目的

品鉴会的主要目的是针对核心目标消费群体进行群体性公关，制定现场销售政策进行产品销售。

为下一步白酒品牌目标群体的团购公关搭建平台，同时借势进行白酒品牌生动化宣传。

品鉴会是以产品为主导，以目标群体感情联络为前提，同时进行白酒品牌品质、利益公关传播。

发挥小型品鉴会建立、维护、培育消费群“小盘”的重要作用。

## （二）品鉴会的操作基础要求

### 1. 场地的选择

在区域经销商主导运作或客情关系较好的酒店终端中选择一家 A 类核心酒店终端、B+类连锁店的新开店面进行合作，对符合条件的包房进行装修，增加白酒品牌的宣传元素，装修成“白酒品牌”形象包房，作为举办品鉴活动的长期固定场地。

交通便利，最好选择区域地标性地区，易于寻找，原则上应选择车程在 30 分钟内的酒店。

店外停车位充足，确保开车来的客户可以停车。

### 2. 品鉴会费用标准

餐费标准：每桌品鉴会公司报销 1000 元餐费（在经销商费用额度以内）。

用酒标准：每场品鉴会给予一件品鉴用酒。

备注：由经销商根据当地实际情况确定酒店、包厢、餐费及菜品；餐费由经销商垫付，后续提报资料核销。

### 3. 场地的要求（各区域可根据当地实际情况开展）

包房内应有餐前品鉴区（即休息区）和就餐区，休息区原则上要求与就餐区分开。

大小适宜：每一次品鉴会邀请8~10名客户参加，选择15人/桌的房间较为合适。房间内要有可以投放投影的空间，用来播放产品视频及产品课件。

类型适宜：就餐餐桌应为圆桌，便于交流与氛围营造。

总体面积应不少于30平方米。

### 4. 场地合作方式

酒店签约，可以以每月消费多少金额或者其他方式签订定点房间，与酒店洽谈，最好将定点包房装修成白酒品牌的形象包房，如果需要额外费用则可以用酒品换消费券的方式解决，消费券用于品鉴会的餐费。

### 5. 时间的选择

➢原则上以周六、周日的晚宴为主。

➢具体时间：18：00—21：00。

➢18：00—18：30为餐前品鉴时间。

➢18：30—21：00为正餐时间。

## 6. 参会人员的选择

具有消费领袖作用的商务人员，在某个区域或行业内有一定影响力的协会会长或者社群负责人，有一定白酒消费能力和消费爱好的企业白领等。具体可分为：

➢政府事业单位类：各职能部门（公检法、财税部门、发改委等）局级办公室主任、处级及副处级干部、科长等。

➢金融类：银行副行长、信贷科科长等。

➢商务类：各行业协会会长级管理者、企业高管、私营企业主等。

➢地产类：房地产开发商副总、办公室主任、房地产相关行业供应商等。

➢其他行业：如汽车 4S 店经理等。

➢其他类消费人群：当地有影响力的社群管理者，经常购买与白酒品牌同等价位的其他品牌白酒消费者等。

## 7. 品鉴会物料

**表 4－15　物料明细（参考）**

| 名称 | 单位 | 数量 | 备注 |
| --- | --- | --- | --- |
| **邀请函** | 份 | 足量 | 根据邀请人数决定具体数量 |
| **宣传片** | 份 | 1～2 | 企业宣传片、白酒品牌宣传片，事先备好光盘或下载好文件 |
| **笔记本电脑** | 部 | 不少于 2 | 一台配合投影仪使用，一台备用 |
| **酒店横幅** | 副 | 2 | 品鉴会主题横幅，悬挂包厢内与酒店门口（酒店如有 LED 显示屏，可以用 LED 字幕） |

续表

| 名称 | 单位 | 数量 | 备注 |
| --- | --- | --- | --- |
| 席卡 | 个 | 参照邀请人数，2 个备用 | 事先将姓名印好，按规则摆好 |
| 投影仪 | 个 | 1 | 用于播放宣传片 |
| 音响 | 套 | 1 | 原则上采用酒店方设备，条件不足提前准备 |
| 易拉宝（X 展架） | 个 | 1 不少于 4 | 包间门口、包间内布置 |
| 台卡 | 个 | 不少于 3 | 餐桌、休息区茶几上摆放 |
| 产品宣传册 | 册 | 足量 | 来宾观看 |
| 酒水 | 瓶 | 按照 1 件 1 桌（约 10 人）进行配置 | 根据品鉴会参加的嘉宾档次决定品鉴用酒，原则上以主销白酒产品为主 |
| 分酒器 | 个 | 每位嘉宾 1 个 | 具有白酒品牌 LOGO 的分酒器 |
| 白酒杯 | 支 | 12 | 具有白酒品牌 LOGO 的分酒器，也可使用酒店的专业白酒杯 |
| 产品展架 | 套 | 2 | 主要用于产品展示 |

## （三）品鉴会现场氛围营造

**专属场景化设置（区域可根据实际情况执行）：**

①酒店门口、吧台及包厢过道：

➢酒店门口：悬挂品鉴会横幅或者利用 LED 显示屏字幕迎宾。

➢酒店吧台：白酒品牌陈列，要求价签明显、集中陈列。

➢包厢过道、门口：包厢过道拐角处放置 X 展架，包厢门口两侧各放置一个 X 展架。

②酒店包房内：

➢休息区：有条件的可放置产品独立展示柜（与酒店协商，如需额外费用则可以用酒品换消费券的方式解决，消费券用于品鉴会的餐费），没有条件的可以放置展架代替；放映企业、产品宣传片，条件不足的酒店需提前协商，自行准备投影及电脑。

➢休息区茶几：放置企业、产品宣传册及白酒品牌主题台卡。

➢酒店吧台：白酒品牌陈列，要求价签明显、集中陈列。

➢产品独立展柜：在休息区临时设置，主要增强区域内的白酒品牌产品氛围。

➢其他设置：可根据需要设置书法（画）台，用于邀请艺术名人、领导临时进行书法（画）创作。

③就餐区：

➢包厢内餐桌旁拐角：餐桌旁拐角处放置展架。

➢主席位背后：悬挂主题横幅。

➢餐桌：

酒水摆台：要求白酒品牌产品各一件（根据经销商经销产品决定），宣传册摆放到位。

台卡：白酒品牌主题台卡，位于桌子正中央。

## （四）品鉴会前的准备工作

①大区经理做好当月品鉴会规划，和经销商协商品鉴会开办具体事宜，并做好品鉴会场次安排，对每个环节做好事先预知，斟酌参会人员并进行信息汇总、人员邀请等工作。

②确认被邀请人数：

➢确认被邀请的人数。

➢了解被邀请人的单位、职务。

➢被邀请人的个人爱好、饮食习惯等。

➢获取参与本次品鉴会的详细人员名单（见《品鉴会参会人员信息登记表》）。

➢建议品鉴会采取系统性召集，所邀请参会人员之间没有隔阂、情感或直接利益冲突等；受邀来宾中最高级别最好在没有特殊情况下，只邀请 1 人。

➢《品鉴会参会人员信息登记表》不作强制要求，经销商或大区经理根据实际情况完成。

③嘉宾邀请：

➢在品鉴会召开的前一周通过经销商出面邀请。

➢品鉴会召开前一周经销商派发邀请函，或对嘉宾进行电话邀请。

➢如大区经理在该区域，可由大区经理和经销商一起邀请。

➢邀请语：××您好。我是××白酒品牌的大区经理，我和××公司×总邀请你参加××时间在××酒店的品鉴会，请问您这个时间方便吗？

➢品鉴会召开前三天电话确认是否有时间参会。

➢品鉴会召开前一天再次电话或短信提醒（当天也有必要电话提醒一下）。

④活动申请、报备：要求提前×天向公司申请、报备，并核实公司领导是否批准召开。

⑤酒店预订。根据目标人群和人数确定酒店：

➢根据被邀请人的饮食习惯和职位等级选择酒店。

➢提前 3～5 天预订酒店与包间，提前 1～2 天确定菜单。

⑥人员安排：

➢经销商：品鉴会负责人落实嘉宾邀请，对接此次职位最高级别来宾，把控、协调现场。

➢大区经理：品鉴会负责人，目标人员指定公关人，落实嘉宾邀请的工作，负责来宾的接待、迎送。

➢经销商业务：为辅助人员，所有物料的采集、安装布置及设备调试、会后撤展等事宜。

⑦物料准备：

➢物料准备参考《物料明细表》。

➢会前物料检查：

物料全面性：根据物料清单检查物料是否齐全，如有缺少及时补充。

设备可用性：检查投影仪、电脑等是否可正常操作，如有故障及时维修。

现场整洁性：确保现场桌椅、酒具、地面、机器等无污迹。

## （五）参会工作人员准备和现场执行

### 1. 人员技能要求

➢业务员要熟读熟知产品卖点，并有一定的演讲演说能力，便于产品课件的讲解及客户沟通。原则上，业务员要有一定的酒量。

➢陪酒人员沟通技能及酒量一定要好，品鉴会是要参会的消费者喝尽兴为好，应避免过度劝酒。

## 2. 人员营销方式掌握

➢邀请客户品酒发言。

➢品鉴期间穿插介绍产品及品牌文化。

➢预约下次品鉴。

## 3. 人员准时到位

➢品鉴会举办人员提前一个小时到位。大区经理一定要提前到达会场进行统一安排与布置，确定各参会人员的会务工作。并与酒店服务人员沟通好，人到齐后统一上菜。

➢陪酒人员数量根据参会消费者而定，建议有 2 ~3 名陪酒人员。

➢提前六个小时电话确定客户的能否正常参会，或提前三个小时再度确认邀约客户是否与会，必要时提供开车接待服务。

注：经销商、大区经理、厂家业务品鉴会前为组织者，品鉴会开展期间为陪酒人员。根据桌子的类型，合围式安排座次，便于营造氛围和交流。

## 4. 品鉴会的现场执行

①现场布置：以“品鉴会现场氛围营造”为标准进行，个别酒店可根据实际情况执行。

②嘉宾迎接：

➢与会人员的迎接。

• 会议开始前一小时品鉴会场地布置完毕，并开始播放准备好的音乐。经销商或大区经理提前半小时到门口接待来宾，指引经过有展架的过道到达包厢。

• 经销商和大区经理需保留一人在酒店门口负责迎宾。

➢与会人员的接待。品鉴会尚未开始，接待工作集中在休息区内，业务员或大区经理负责向参会人员介绍企业、产品信息，放映企业及产品宣传片。

➢餐前文化艺术展示。可邀请参会人员中书法（画）爱好者进行书法（画）创作，或邀请古代文学爱好者对历史故事进行讲解等（区域根据实际情况酌情安排）。

③品鉴会现场注意事项：

➢现场话题的引导：在举办品鉴活动之前，我们应该了解受邀对象的基本情况，尽量配合参会嘉宾的谈论话题，但应有意识地引导话题，尽量对品牌及产品进行阐述和讲解，强化参会者对品牌和产品的印象，制造消费者口碑传播。也可针对参会嘉宾和宴请现场，设定一些话题，逐渐引导他们进入提前设定的话题，如讨论产品设计概念、企业历史、现状、企业优势和发展愿景等。

➢现场信息的收集：尤其是来宾的兴趣、爱好、亲朋好友信息、重要日期等信息的采集，为日后的公关打下基础。

➢留下下次拜访的理由及时间。

④品鉴会执行流程如表 4－16 所示。

**表 4－16　品鉴会执行流程**

| 序号 | 内容 | 话术 |
|---|---|---|
| 1 | 餐前文化展示 | 根据邀请嘉宾的实际情况开展书法（画）创作等 |
|  | 引导嘉宾入座 | 各位老板请入座 |
| 2 | 经销商致欢迎词 | 各位来宾，亲爱的朋友们，大家晚上好！首先，感谢各位来宾能够在百忙之中参加今晚的“××白酒品牌品鉴会”活动，很开心能和大家一起度过一个愉快而美好的夜晚 |

续表

| 序号 | 内容 | 话术 |
| --- | --- | --- |
| 2 | 厂家人员致欢迎词 | 大家好，我是白酒 × × 品牌的 × × ×。首先，我要感谢经销商 × × × 对我们公司举办的“ × × 白酒品牌品鉴会”活动的大力支持。同时，也十分感谢现场来宾能够在百忙之中参加我们此次 × × 白酒品牌品鉴会 |
| 3 | 引导嘉宾互动 | 各位到场嘉宾互相介绍 |
| 4 | 重点客户锁定 | 根据客户的自我介绍，初步锁定重点客户 |
| 5 | 品酒环节 | 1. 简单讲解白酒的正确品鉴方法等基础知识<br>2. 讲解企业的基础情况，包括酿造、生产、储藏、原料特点、企业优势、口感、香气、回味等<br>3. 讲述企业荣誉、白酒产品核心价值等。 |
| 6 | 席间术语 | 1. 在酒席期间介绍本品相关知识（品牌优势、品质优势等）<br>2. 寻找机会讲述本品品牌故事 |
| 7 | 产品详细话术讲解 | 产品核心价值讲解，3 分钟 |
| 8 | 活动政策宣讲 | 宣传活动政策（厂方为回馈各位老板一直以来对白酒品牌的支持和厚爱，特举行了“感恩回馈活动”，具体活动是 × × ×） |
| 9 | 结束语 | 1. 通过对白酒品牌产品的深度品鉴，相信在场嘉宾更能体会到白酒品牌产品的杰出品质特点了<br>2. 今晚的品鉴会活动到此为止，感谢大家的参与，期待下一次的相逢<br>3. 结束语（祝各位老板身体健康、生意兴隆、万事如意） |
| 关键点 | | 邀请经销商好友参加品鉴会；品鉴会前做好目标客户的前期沟通；品鉴会现场要有客户“现场订货”，起到“领头羊”的作用 |

⑤品鉴会结束。

➢与会人员的送别：送来宾先出门，嘱咐路上小心。

➢扫尾工作：回收可再利用的物料，如展架、台卡，没有使用的酒水等，填写相关的清单入库。

➢对品鉴会用酒进行空瓶拍照作为费用核销的依据。

注意事项：开车就餐并且没有带司机的客户，安排打车、代驾或者护送客户回家，保证参会人员平安到家，一定要用电话或者微信跟踪。

## （六）品鉴会会后跟踪和费用核销

### 1. 品鉴会会后跟踪

➢做好品鉴会总结和参会客户跟踪，要求三天内参会人员各拜访一次。会后参会人员要做好重点跟踪，直至转变为公司忠实客户。

➢建立品鉴会跟踪机制，建立核心客户档案，对参与品鉴会的人员进行分类并制定不同的公关方案。

### 2. 费用核销

➢核报材料：

• 品鉴会活动申请表（见表 4－17 至表 4－18）需附《品鉴会参会人员信息登记表》（每场品鉴会均需附表）。

• 品鉴会活动核报表（见表 4－19）。

• 品鉴会费用汇总表（见表 4－20）。

● 标准公司发票。

● 照片：酒店门口横幅（或LED屏字幕）照片、吧台酒水陈列照片、包房摆台照片、就餐照片和就餐用酒空瓶照片各一张、酒店结账单或结账单照片。

➢核销流程：按照公司现有流程进行核销。

**表4－17　品鉴会活动申请表**

<table>
<tr><td>区域</td><td></td><td>经销商</td><td></td><td>申请人</td><td colspan="2"></td></tr>
<tr><td colspan="2">活动月份</td><td colspan="2"></td><td colspan="2">申请时间</td><td></td></tr>
<tr><td colspan="2">经销商累计销量</td><td colspan="2"></td><td colspan="2">市场累计<br>投入及比例</td><td></td></tr>
<tr><td colspan="7">品鉴会活动申请明细</td></tr>
<tr><td rowspan="2">活动预计<br>时间</td><td rowspan="2">负责人</td><td rowspan="2">联系方式</td><td colspan="2">品鉴会预计费用</td><td rowspan="2">费用共计</td><td rowspan="2">其他费用</td></tr>
<tr><td>餐费</td><td>酒水</td></tr>
<tr><td></td><td></td><td></td><td></td><td></td><td></td><td></td></tr>
<tr><td></td><td></td><td></td><td></td><td></td><td></td><td></td></tr>
<tr><td></td><td></td><td></td><td></td><td></td><td></td><td></td></tr>
<tr><td></td><td></td><td></td><td></td><td></td><td></td><td></td></tr>
<tr><td></td><td></td><td></td><td></td><td></td><td></td><td></td></tr>
<tr><td colspan="2">本轮活动费用共计</td><td colspan="2"></td><td colspan="2">预计销量</td><td></td></tr>
<tr><td colspan="2">财务意见</td><td colspan="5"></td></tr>
<tr><td colspan="2">总经理审批意见</td><td colspan="5"></td></tr>
<tr><td colspan="2">备注</td><td colspan="5"></td></tr>
</table>

**表 4－18　品鉴会参会人员信息登记表**

<table>
<tr><td rowspan="2">姓名</td><td rowspan="2">工作单位</td><td rowspan="2">职务</td><td rowspan="2">家庭住址</td><td rowspan="2">联系方式</td><td colspan="5">酒水消费情况</td></tr>
<tr><td>用途</td><td>档次</td><td>购买习惯</td><td>购买方式</td><td>消费品牌</td></tr>
<tr><td></td><td></td><td></td><td></td><td></td><td></td><td></td><td></td><td></td><td></td></tr>
<tr><td></td><td></td><td></td><td></td><td></td><td></td><td></td><td></td><td></td><td></td></tr>
<tr><td></td><td></td><td></td><td></td><td></td><td></td><td></td><td></td><td></td><td></td></tr>
<tr><td></td><td></td><td></td><td></td><td></td><td></td><td></td><td></td><td></td><td></td></tr>
<tr><td></td><td></td><td></td><td></td><td></td><td></td><td></td><td></td><td></td><td></td></tr>
<tr><td></td><td></td><td></td><td></td><td></td><td></td><td></td><td></td><td></td><td></td></tr>
<tr><td colspan="10">备注：用途分为个人消费，单位采购；档次分为：500 元以上 A 类，300～499 元/瓶为 B 类，200～299 元/瓶为 C 类，低于 199 元/瓶为 D 类。</td></tr>
</table>

申请人：　　　　举办时间：

**表 4－19　品鉴会活动核报表**

<table>
<tr><td colspan="2">区域</td><td colspan="2"></td><td colspan="2">经销商</td><td colspan="2"></td></tr>
<tr><td colspan="2">申报人</td><td colspan="2"></td><td colspan="2">申报时间</td><td colspan="2"></td></tr>
<tr><td colspan="8">品鉴会活动核报明细</td></tr>
<tr><td rowspan="2">活动开展时间</td><td colspan="2" rowspan="2">负责人</td><td colspan="2" rowspan="2">联系方式</td><td colspan="3">品鉴会费用</td></tr>
<tr><td colspan="2">餐费（元）</td><td>酒水（瓶）</td></tr>
<tr><td></td><td colspan="2">姓名</td><td colspan="2">职位</td><td colspan="2"></td><td>姓名</td></tr>
<tr><td>参会人员</td><td colspan="2"></td><td colspan="2"></td><td colspan="2">参会人员</td><td></td></tr>
<tr><td>参会人员</td><td colspan="2"></td><td colspan="2"></td><td colspan="2">参会人员</td><td></td></tr>
<tr><td>参会人员</td><td colspan="2"></td><td colspan="2"></td><td colspan="2">参会人员</td><td></td></tr>
<tr><td>参会人员</td><td colspan="2"></td><td colspan="2"></td><td colspan="2">参会人员</td><td></td></tr>
<tr><td colspan="2">本次活动费用共计</td><td colspan="2"></td><td colspan="2">预估销量</td><td colspan="2"></td></tr>
<tr><td colspan="2">经销商签字、盖章，确认</td><td colspan="2"></td><td colspan="2">经销商费用收款账号</td><td colspan="2"></td></tr>
</table>

续表

| 效果评估 | |
| --- | --- |
| 财务意见 | |
| 总经理审批意见 | |
| 备注 | |

**表4－20　区域品鉴会费用汇总表**

<table>
<tr><td colspan="5">________区域品鉴会费用汇总表</td></tr>
<tr><td>区域</td><td></td><td>经销商</td><td colspan="2"></td></tr>
<tr><td>申报人</td><td></td><td>申报时间</td><td colspan="2"></td></tr>
<tr><td colspan="5">品鉴会活动费用申报明细</td></tr>
<tr><td rowspan="2">活动开展时间</td><td rowspan="2">负责人</td><td rowspan="2">联系方式</td><td colspan="2">品鉴会费用</td></tr>
<tr><td>餐费（元）</td><td>酒水（瓶）</td></tr>
<tr><td></td><td></td><td></td><td></td><td></td></tr>
<tr><td></td><td></td><td></td><td></td><td></td></tr>
<tr><td></td><td></td><td></td><td></td><td></td></tr>
<tr><td></td><td></td><td></td><td></td><td></td></tr>
<tr><td></td><td></td><td></td><td></td><td></td></tr>
<tr><td></td><td></td><td></td><td></td><td></td></tr>
<tr><td colspan="2">共计</td><td colspan="2"></td><td></td></tr>
<tr><td>经销商签字</td><td colspan="4"></td></tr>
</table>

以上为笔者对白酒品鉴会的实战操作的一些见解和实操经验，希望对开展品鉴会的经销商有一定的帮助。笔者认为，白酒品鉴会对于目前白酒品牌推广来讲，属于较为有效、直接的白酒推广形式，适合经销商和中小型企业大面积推广。

# 五、如何协助经销商实现自我破局

白酒行业的飞速发展使商家之间的竞争愈演愈烈，经销商也需要在白酒行业的红海中杀出一片天和地，近两年只要做到 5 亿元以上的经销商，大部分都是跟茅台、五粮液、剑南春合作的企业，规模在 1 亿 ~ 5 亿元的经销商都跟洋河、郎酒、老白干等企业有关系，而做到 5000 万元以上的经销商大多是与二线或者三线酒企品牌合作。所以，经销商跟有实力的厂家合作发展很快，经销商到底应该选择与什么样的品牌合作呢？

随着酒水企业和整体大环境的演变，酒水公司也随之出现各种各样的问题。经常听到企业老板说“经营有问题，员工管不好”等内容，笔者认为，企业老板要承担百分之八十以上的责任。换句话说，大多数问题的根源都出在老板身上，在经销商公司的改造过程中，首先就得从改造老板开始。如何协助经销商实现破局，具体从哪些方面开始呢？

## （一）目前白酒酒业经销商分类

目前酒业经销商归为三类：一是经销商依靠金融手段支持运营；二是经销商在相对运营比较稳定的时候，通过自己的现金流支持；三是经销商通过现有产品，并且在不断加快现有的产品予以支持运营。

## （二）协助经销商转型的方向

无论酒业经销商规模多大，但整个中国酒水行业是大商小超的格局，而厂家依然是绝对领导地位。所以，能够按照行业主导方向，即厂家的方向去做，一般来说都发展得很快。反过来说，如果方向是反的，可能就很困难。笔者认为，经销商转型应从以下四方面入手。

- 与厂家站在一起。企业在未来不管是提价也好，控货也好，这个过程中如果能够把价格体系控制得更好，企业肯定有很大的提升，经销商也一样。所以，围绕价格体系去做，对于厂家和经销商而言，只有互相配合方能产生更好的效果。

- 要求与时代在一起。白酒行业利润率达 40%、50%、60% 的时代已经过去，如果利润率能做到 20% 就非常理想了。其实，很多经销商的利润是 10%，还有很多人年底完成任务拿到返利才有利润，完不成任务都没有。现在的时代正在发生变化，现在的时代就是大单品和薄利的时代。基于这样的时代，就意味着经销商要降低利润率，也意味着经销商要把精力放到主要产品上，而目前主要的模式就是在产品体系里选择一个最有可能成为大单品，且集中精力围绕它去做，这可能是未来很长时间的经营模式。

- 与社会站在一起。现在所有的传统产业都在发生变化，酒业也不例外，如何更好地利用互联网工具和金融工具，是未来一个重要的方向。全国各个地方的经销商发展的程度和环境不一样，但是在这个过程中要更多地运用金融工具，去谋求更大的资本收入。

互联网工具很多，但是互联网最大的改变是获取信息，以前信息不对称，可能有些信息我了解、你不了解，但是现在大家获取信息的速度都很快。在这个过程里更快地用互联网工具去把握信息，这对经销商来说是有现实意义的。说到 B2B、B2C，如果经销商非常熟，是可以融入的。

• 与品类、年轻化站在一起。酒业品类的多元化发展趋势现在变得越来越快，无论是白酒、红酒、黄酒、保健酒，甚至是"健康白酒"，整个多品类的发展形势是明显的。原来消费者的消费需求非常单一，目前消费者的消费需求更加多元化，年轻人成为主力。所以，多品类和年轻化是酒业发展的一个方向。

## （三）协助经销商转型策略

上述是协助经销商转型的方向，围绕这个方向该采取什么样的策略，对于不同的经销商而言，其转型策略也有很大的不同。对此，笔者认为应从以下五点着手。

• 构建以渠道为核心的产品互补。每个经销商都有自己擅长的领域，在现有的渠道优势的情况下寻找跟渠道最匹配的产品。

• 构建以产品为核心的渠道合力。有些"品牌化下进口酒趋势"可能做这个品牌一开始只是做一个渠道，未来逐渐加强。

• 构建以品牌为核心的持续经营。经销商第一步是在单一渠道情况下变成多渠道，第二步是在核心渠道情况下产品更加丰富。完成了这两步之后基本就完成了一个区域强势经销商的基本诉求，第三步经销商就应以品牌为核心持续经营。

在这个过程中，经销商一般处在两端。一端把品牌做得更强，一端把自己的实力做得更强。

• 构建以品类为核心的品类互补。对于新产品来说，未来的发展方向是消费端的需求，应以消费者的诉求为主，而这个过程对经销商来说是运营模式的创新。以前说新产品要精准定位，现在无论是互联网还是很多新的工具，都给经销商提供了一种可能性，就是小品类的发展方式。

当然这种发展方式包括社群，现在只是刚刚开始。比如一年做不了多少黄酒，这个行业没有变化，但是它给我们提出一个可能性，如果在这个过程中我们精准地找到了消费者，就可以通过更加精准的营销方法获得品牌的成功。所以，这个过程强调品类互补。

- “互联网 +”。对于经销商来说，有现实意义的就是 B2B、B2C 的过程已经没了。电商市场都已经被瓜分完毕了，B2C 这个领域基本没戏了，B2B 还很热，这个领域还有很多机会。

## （四）协助经销商转型的本质

经销商转型的本质实际上是把经销商原来强势的地方发挥到极致，这是唯一的目标，而这个目标是酒业价格实现的真正价值。这个转型有时候可能是坚持，对于大部分经销商来说，其潜力并没有完全做到极致，还有很大的挖掘潜力。比如问现在的经销商，一个市场的终端有一千家，这一千家真的有翔尽的数据、非常清晰的坐标吗？每个终端的情况真的了解吗？这里 20%、30% 的大小终端能分清楚吗？实际做不了那么细。

所以，每个终端怎么合作？每个终端做到什么程度？应该不断提升终端的满意度。终端是不是做得足够强？核心消费者是不是真正抓在自己手里？团队是不是愿意跟老板一起把事情做好？真正的经销商做到最后，如果这几个因素能满足，经销商就真正强了，转型是自然而然的过程。

在这个过程中，所谓经销商转型的核心实际是把自己最强的方面做到极致，那方面比你想象的高度要高。无论是团队还是终端，还是对核心消费者的挖掘，所有经销商要不断地想怎么把它做得更深、更好，这是转型方向之一。

## （五）协助经销商自我提升管理

### 1. 员工座谈会

在开展公司化改造的起步过程中，老板要与员工召开多次专题座谈会，及时向员工告知公司化改造的目的、计划、进度等状况。别一个人闷着头整理这些东西，这会让员工产生警惕和抵触情绪。在改造制度并实施后，还要及时听取员工的反馈意见和改进建议，以保持及时的修正。某些调整幅度较大，或是涉及业务安全的改造工作，最好还要进行小范围的试行。

### 2. 整顿的前提是清理

再小的经销商公司，内部和外部的问题也是一大堆，在针对这些问题实施解决方案之前，要把当前的各类问题清理清楚。对其中一部分能通过简单清理步骤就能解决的问题先行处理，让员工从直观上感受到公司在发生明显的变化。

具体清理的项目：

➢ × 文件档案。

➢×办公室内务（墙面整洁和个人办公室桌面的整洁）。

➢×办公设备和办公用品的集中放置。

➢×仓库的整理和库位图绘制。

➢×客户抱怨的汇总。

➢×客户不结款的理由汇总。

➢×业务分布状况的图表化显示。

➢×业务员每周行程计划的图表化显示。

➢×各部门当前工作流程的图表化显示。

### 3. 从内部团队开始规范调整

➢新观点的接受和理解，不要固守老观点。

➢从规范老板的言谈举止开始，让员工看到老板的变化。

➢言语上不得罪员工。老板不打工已经很多年了，打工者怎么想问题，老板实在无法做到换位思考。有时候，老板按照老板的思维模式说出一些话，自认为很正确，但员工却觉得很刺耳和可笑。

这是笔者从白酒经销商的外部环境和内部环境分析，如何协助经销商实现自我破局的分析和想法，未来的白酒市场竞争还会愈演愈烈，经销商的生存环境也会非常恶劣。要想在此环境下有一席之地，必须从自我调整和外部管理方面着手，不断调整自己才能立于不败之地。

## 六、如何协助经销商提高整体销售效率

在白酒整体营销过程中，销售效率是取得销售效果的手段，销售效

果是销售效率的外在表现，销售效益是销售效率与销售效果的检测手段。三者相互联系，形成企业销售的目标、手段统一体。对于白酒经销商来说，尤其是一些中低端产品为主的经销商，如何通过自身具备的资源，在有限的时间完成更多的市场布局，最大限度地销售产品，进而提高整体销售效率，是每个经销商关心的。

笔者通过总结部分强势经销商、优秀案例和部分品牌的前期上市推广的经验，针对经销商在终端操作过程中，如何协助经销商提高自己的整体销售效率，撰写此文，以供参考。

## （一）关注市场动态，知己知彼，做好每个管理细节，从整体准备层面提升效率

在市场的整体运作过程中，时刻关注自我产品和竞品。在产品逐步布局过程中，及时检索有无产品覆盖的盲区，并迅速补盲和布局。同时时刻关注竞品在区域层面的动作和趋势，并采取对策，尤其是和自己价位相同的产品，属于第一竞争梯队，时刻掌控它的动作。定期检索和分析区域销售数据上的异动，并采取对策。

具体动作：

➢确保渠道能深入基层、深入末端、深入消费者。尽可能渠道动作和消费者动作同时启动，避免二次推广消费者活动，造成效率低下，在时间成本上提升效率。

保证产品迅速到达终端，扫除一切影响铺货的渠道障碍，应该“下乡、进村、入户、到人”，不断延伸渠道的末端。

➢检查渠道向下延伸过程中各个环节的障碍（价格、政策、物流、客情、政策兑现、促销运行、宣传执行），并给予排除。

➢确保厂商的业务全员透彻理解、记忆，流畅地表达“价格体系、销售政策、协议条款、服务流程和标准”，必须强有力地向团队和渠道下游宣贯体系，关键政策必须反复宣贯和要求背诵。“稀里糊涂、一知半解”是业务队伍和渠道环节的第一大敌和最常见的隐患。笔者建议，经销商要定期检查，确保整体效率最大化。

➢必要时（如产品上市、重要政策出台、冲量期、价格治理关键期），邀请渠道下游（包括终端）集中宣贯，必须保证政令的统一、迅捷、通畅、精确传达。

➢对于难点环节和“堡垒点”，必须亲自出面攻克，不能层层都做“甩手掌柜”。大量的渠道环节的“堡垒”和“死结”，或被业务员隐瞒，或被管理层漠视，是常见的业务黑洞。

## （二）区域从城到村，终端从大到小，100%的终端覆盖，从动作层面提升效率

对于终端的定义，笔者建议一定要协助经销商追求类型密度，不放过任何终端类型，尤其是新兴终端，确保在任何类型的终端中均保证高度占有。

➢敏锐发现并举一反三地发掘新渠道类型，并采取行动布局和占有。由点到面、积极部署，迅速拿下全部终端。还可以以突击队形式开展终端铺市动作，时间短、效率高。

➢及时发现新开终端，第一时间占据。针对区域，经销商大部分进行人员划分，要求每个终端业务员及时发现新开终端的情况，做到开发布局。

➢在淡季，集中统一的拉网式终端清点和补盲，确保旺季前“满弓

上阵”。

➢既要有“二八法则”，也要讲“长尾理论”，不放弃广泛而隐蔽的小街道、小店、小单位，聚沙成塔、聚滴成流。

## （三）重视每家终端网络，使其价值最大化，提升终端的推广效率

每个终端都有存在的价值，从产品推广来说，不可忽视任何一个终端，有可能它就是某个村或者一条街的核心终端。因此，需要确保在每个单店销量的高领先、对竞品的高挤压。

➢规律拜访、线路拜访、平等拜访（要警惕和杜绝“业务员勤跑旺销店和友好店，回避非旺销店和问题店”的现象）。

➢占据并保持优势排面和有效生动化，尤其是竞争对手旁边，氛围要高于它的整体效果。

➢尽可能特殊陈列和特殊生动化，如地堆、“店长推荐”牌、“畅销品牌”“销售冠军”标志牌。

➢高频次的关注终端动销和库存、前置性进货补货、适度递增式进货量，严禁断货。

➢月度检索每家店的动销数据，及时发现动销异动的原因（要甄别和深究真正的原因，客户简单的解释并不真实），良性异动和不良异动均要找到原因，良性的作为经验迅速复制和推广，不良的要采取对策，举一反三，把业务会开成“方法会”。

➢涉及促销的物料、促销品、政策解释、时间周期等要周密部署，准备到位、宣贯到位，我们必须清楚：促销搞不好就会成为拖累和伤害。

➢必要时（如上市、冲量、提价、拦截竞品等），在特定阶段缩短业务员考核周期（如一周考核一次）或阶段性销售竞赛，激活斗志、消除懈怠，实现突破和超越。

➢全面的业务客情，老板、老板娘、店员推产品的意愿常常不一样，反映问题也有差异，要做到全面客情、全面掌握、全面推动。

## （四）对于整体销售工作，建立可视化的数据环境，增强整体管理效率

### 1. 目标上墙

对年度目标、季度目标、阅读目标、周目标做到“可视化、精准化、数据化”的上墙动作，把每个细节的全部展现在办公室的墙上，让每个销售团队成员都可以看到。

### 2. 进度上墙

对于年度的销售进度、商家布局进度、终端铺市进度做到进度上墙，让每个销售团队成员知道自己的任务是多少、一共完成了多少，还有多少销售任务没完成。

### 3. 评比上墙

对于每个经销商来说，尽量每季度进行一次“评比”。例如：销售

评比、终端网络开发评比、主题促销活动开展评比、消费者品鉴活动评比、婚宴主题促销评比等，以竞争推动公司整体前进。

### 4. 理念上墙

针对理念，属于每个经销商和公司文化的环节，拥有好的理念可以在士气上鼓舞每个员工。

### 5. 制度上墙

对于管理制度、销售制度等内容，可以以文本的形式展现在公司墙上，还可以考试，让每个员工按照公司的要求、流程、管理来开展工作。

### 6. 动作上墙

针对动作上墙是对目前产品的销售工作核心动作的解释、检索、强化，对于一些每天“浑浑噩噩”的终端业务员也是工作内容的二次宣讲。

关于经销商整体的市场操作，尽量协助其以可视化、数据化、标准化、流程化的文字呈现在每位终端业务员面前，让每位业务员知道现在市场的情况、未来向哪里努力，还有什么工作需要不断完善。

以上是笔者对如何协助经销商提高终端销售效率的一些见解。在市场操作过程中，细节性的动作很重要，利用一定的资源，使市场价值最大化才是最重要的。

# 七、如何协助经销商进行自我系统升级

白酒行业经历了五年左右的寒冬期，终于开始回暖，很多白酒经销商在这轮调整升级的过程中坚守并生存下来。对于很多白酒企业和白酒的经销商来说，既是庆幸的也是万幸的。可以说能够持续生存下来的白酒经销商，将会进入下一轮的竞争。随着白酒行业环境的不断变化、厂家竞争激烈程度的提高，白酒经销商如果坚守过去的思维方式必然无法持久存活，只能不断升级迭代。随着渠道类型的不断变化，行业内商家群体的逐渐丰富，也验证了经销商这个庞大的群体在主动或被动变化，甚至是变革。因此，全国酒水商家群体整体走向专业化。白酒经销商如何走向专业化的销售公司、如何实现自我升级、如何认清楚自己的问题、如何不断地在白酒市场的竞争环境中生存下去呢？笔者通过对目前全国知名白酒经销商的深入走访调研，总结了关于白酒经销商如何实现自我系统升级的见解和想法，以供参考。

## （一）白酒行业发展的环境分析

◆中国白酒名企和区域性白酒品牌正处于产业升级的风口，名酒企业具有得天独厚的品牌优势，更受消费者信任，也有持续的产品创新、品牌创新、服务创新推动产业升级。

◆白酒强复苏的逻辑及竞争趋势越来越明显。川酒“品牌拉力模式”和徽酒“渠道深耕模式”结合，是挤压策略下的核心竞争策略——即“名优酒终端化深耕”。

◆中国经济持续稳定增长、居民收入增加、中产阶层规模扩大（预计2020年有4亿人为中产阶层）、白酒消费升级有深厚的基础，以上均是白酒强复苏的原动力。名优品牌引领消费升级（品牌红利显现化），催化行业复苏。强挤压、强分化的马太效应不可逆转，名酒销售所占比重越来越大。名优酒约架名优酒，名优酒与非名优酒对砍，会是下一轮白酒竞争的两大看点。

◆由于线上平台、B2B、B2C（例如：酒仙网、淘宝、京东、E酒批、购酒网等平台）的冲击，线下经销商的生存越来越艰难，很多年轻消费者或者烟酒店老板开始选择线上的下单订货的模式进行运营。

◆消费升级，产品创新升级加快。伴随中国消费水平提升，特别是年轻消费群体的壮大直接推动了传统酒类消费的分化和裂变，酒类消费已进入到一个多元化和个性化的时代。为全方位地满足年轻人群、现代人群和特定人群的消费需求，跨品类新产品和小酒品类新产品不断推出。在新时代背景下，消费者对产品追求更加彰显个性、自我，强调健康、品质、体验，喝酒喝品质、喝酒喝健康成了新的利益点。

◆经济新常态下，消费对经济增长贡献明显加大。伴随着人们生活水平的不断提高，人们的消费观念逐步改变，消费不断升级。理性饮酒、健康饮酒的消费理念逐渐深入人心，在白酒消费的选择上，消费者的品牌意识逐步增强。企业影响力广、品牌知名度高、产品质量可靠和信誉优良的白酒产品得到了消费者的认可。

◆行业集中度将进一步提高。长期以来，白酒行业整体集中度偏低。除了中国白酒市场的集中度偏低之外，中国白酒消费的区域特征也比较明显，白酒单一品牌全国化难度较大，未来白酒行业的集中度将进一步提高，白酒企业的分化态势也将继续。拥有较强品牌和渠道竞争优势的名酒企业更能把握住机会，在行业深度调整、挤压式竞争阶段迅速企稳，提升市场份额。

## （二）白酒行业转型时期，如何协助经销商转变思维模式

思想意识的转变：随着区域性白酒企业的发展壮大，其市场布局、营销模式、产品线结构都将面临调整，而已经和厂家合作多年、“事业有成”的渠道商，也需要转变思想意识，接受厂家因发展而带来的改变。

操作模式的转变：大部分区域性白酒企业在规模较小时，产品线结构都是以中低档为主，渠道模式也主要以流通渠道为主，甚至厂商都不涉及终端，但随着厂家产品结构的升级，对渠道商的品牌运营能力、终端的运作能力等都提出了新的要求。

经销商从“坐商”到“行商”再到“赢商”的过程转变：经销商必须每天以“生存”“发展”为主要思考方向。

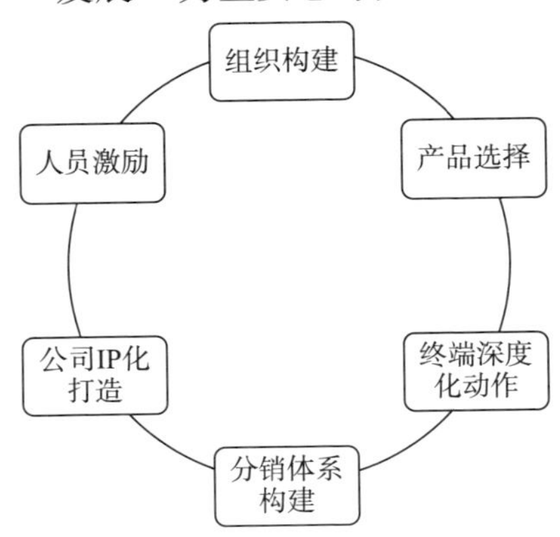


**图4-3　经销商需升级调整的六大板块**

## （三）新形势下经销商需升级调整的六大板块

### 1. 由渠道运营商向终端运营商的组织形态转变

搭好班子、定好制度、管好自己、带好队伍。麻雀虽小，五脏俱全（定岗、定编、定组织），酒店部、流通部及分销部三个组织是推动产品的核心组织。整体项目管理制的团队有利于新产品推广。明确经销商业务员的岗位职责和核心工作：

核心职责：终端铺市工作、消费者基础培育动作。

●完成所管辖市场分销商（二批商）开发计划。

●协助分销商（二批商）制定市场铺市策略和渠道启动方案。

●建立渠道商客户档案，与渠道商建立良好的长期合作关系。维护老客户，积极开发新客户。

●有效合理地使用对所管辖市场费用投入并对其进行监督。

●保证按时对渠道商的费用进行结算。

●积极跟踪产品的市场流向，避免产品出现窜货情况。

●负责所有区域的主导产品、渠道终端产品生动化和氛围生动化工作。

●有效地利用广告宣传物料。

●监控渠道物料使用状况，有无破损、有无按照方案来执行。

●分析特定市场消费者对广告宣传物料的重视程度和形式，并向上级领导汇报和申请。

●制定特定市场门头、灯箱、KT 板、展架等广告物料投入计划和费用。

- 定期向经销商老板汇报市场生动化包装状况和效果。
- 监管市场价格体系，防止出现乱价现象，严格执行公司制定的价格体系。
- 深入了解竞品价格体系，找出自有产品的价格优势和利润增长点。
- 对优势终端渠道采取暗促或者明促方式，向上级领导汇报计划和内容。
- 定期向领导汇报产品铺市状况和竞品信息状况。

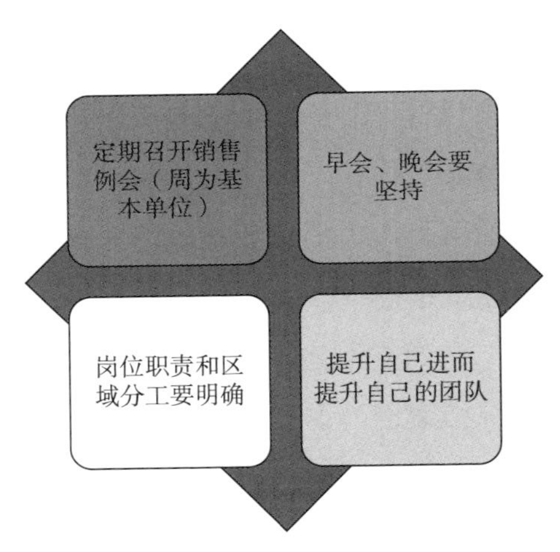


图4－4 白酒经销商的工作

同时，定期召开销售的早会、晚会、周会、月会等工作总结会议（如图4－4所示）。这些内容，白酒经销商必须作为核心动作来执行，简单的工作重复做，重复的工作坚持做。在开会过程中，要以工作总结和问题解决为核心内容，同时要协助销售团队分析市场问题，进而解决市场问题。经销商只有不断地提升自己的专业技能和思维模式，才能带好团队，引导团队往更高、更远的方向发展。

## 2. 全国名酒新产品不放手，区域酒企核心单品重点抓

俗话说得好："大树底下好乘凉。"每个区域市场的大经销商手中都掌控着至少一个名酒核心品牌，一般是茅台、五粮液、剑南春、泸州老窖、郎酒、汾酒等全国知名品牌，要么就是沱牌、酒鬼、衡水老白干、景芝等区域型白酒品牌。抓住区域酒企的核心单品，本质上是为自己"预留"一个未来。虽然我们知道卖本土酒企核心单品利润较薄，但对经销商群体来说，本土大单品仍然是一个很好的"敲门砖"（敲终端）、"现金流"和"搭建渠道"的产品，有了它，就可以把自己的规模、流量和队伍（自家队伍而不是厂家队伍）做起来。无论是全国名酒还是区域性强势品牌，都具备一定的品牌基因以支撑经销商的发展，也可以说是渠道商和消费者比较认可这些品牌。所以，白酒经销商在系统升级的同时，必须有全国名酒的主线品牌或者区域白酒的强势主导产品，否则在未来的竞争中很难得到渠道商和消费者的认可。

## 3. 渠道深度运作，协助经销商建立强势渠道网络系统

"终端为王"一直是白酒经销商赖以生存的本质原因之一，白酒行业的激烈竞争和商商之间的底盘拼抢，可以说谁掌控了自己"管辖"市场的更多终端，谁就可以掌控这个市场更多的资源。渠道深度运作、建立强势渠道网络系统成为经销商升级的必然趋势。

①足够了解市场所有终端的情况，建立健全终端信息档案表。如表 4－21、表 4－22 所示。

**表4－21　酒店终端资料表**

<table>
<tr><th colspan="11">酒店终端资料表（宴席案例）</th></tr>
<tr><td>编号</td><td>店名</td><td>联系方式</td><td>主营特色</td><td>人均价位</td><td>年营业额</td><td>包间数量</td><td>散台数量</td><td>上座率</td><td>翻台率</td><td>进店费</td></tr>
<tr><td></td><td></td><td></td><td></td><td></td><td></td><td></td><td></td><td></td><td></td><td></td></tr>
<tr><td></td><td>本店类别</td><td>地址</td><td>本店位置分析</td><td colspan="4">本店背景分析和目标群分析</td><td colspan="3">其他</td></tr>
<tr><td></td><td></td><td></td><td></td><td colspan="4">特色、婚宴、单位招待；老板是××</td><td colspan="3">关键人信息；本店的重大节庆；店内活动</td></tr>
<tr><td></td><td>主卖酒水</td><td>零售价</td><td>开票价</td><td>盒盖费</td><td>二次兑奖</td><td>暗促和激励</td><td>月销售额</td><td colspan="3">竞品消费者活动</td></tr>
<tr><td></td><td></td><td></td><td></td><td></td><td></td><td></td><td></td><td colspan="3"></td></tr>
<tr><td></td><td></td><td></td><td></td><td></td><td></td><td></td><td></td><td colspan="3"></td></tr>
<tr><td></td><td></td><td></td><td></td><td></td><td></td><td></td><td></td><td colspan="3"></td></tr>
<tr><td></td><td></td><td></td><td></td><td></td><td></td><td></td><td></td><td colspan="3"></td></tr>
<tr><td></td><td>我品进店</td><td colspan="2">竞品政策</td><td colspan="4">竞品氛围营造</td><td colspan="3">竞品以往推广亮点及备注</td></tr>
<tr><td></td><td></td><td colspan="2"></td><td colspan="4"></td><td colspan="3"></td></tr>
<tr><td colspan="11">每周六下午开始填表格，填完后交给内勤整理，建立终端信息库。</td></tr>
</table>

**表4－22　烟酒店终端信息表**

<table>
<tr><th colspan="6">烟酒店终端信息表（核心店案例）</th></tr>
<tr><td>编号</td><td>烟酒店名称</td><td>店老板名称</td><td>位置</td><td>主销产品</td><td>单店销售额</td></tr>
<tr><td></td><td></td><td></td><td></td><td></td><td></td></tr>
<tr><td colspan="2">主要客户</td><td colspan="2">背景关系</td><td colspan="2">店老板需求</td></tr>
<tr><td colspan="2"></td><td colspan="2"></td><td colspan="2"></td></tr>
<tr><td colspan="2">我品进店</td><td></td><td></td><td></td><td></td></tr>
</table>

续表

<table>
<tr><th colspan="6">烟酒店终端信息表（核心店案例）</th></tr>
<tr><td colspan="2">本店性质</td><td>商务团购</td><td>批发为主</td><td>零售为主</td><td>临近酒店</td></tr>
<tr><td rowspan="3">竞品产品结构</td><td>价格体系</td><td>零售价</td><td>团购价</td><td>实际成交价</td><td>销量占比</td></tr>
<tr><td>（主销产品）</td><td></td><td></td><td></td><td></td></tr>
<tr><td>（主推产品）</td><td></td><td></td><td></td><td></td></tr>
<tr><td colspan="2">主竞品政策</td><td colspan="4"></td></tr>
<tr><td colspan="2">主竞品推广方式</td><td colspan="4"></td></tr>
<tr><td colspan="6">每周六下午开始填表格，填完后交给内勤整理，建立终端信息库</td></tr>
</table>

建立健全的信息档案表，可以让经销商掌控所有终端的基础数据，在制定战术和策略的时候更有针对性。

②做好终端分级，不同类型的终端政策要有所倾斜。分级的目的很明确，一般将核心终端分为核心店、一般店、潜力店。

- 找到核心的那些人，就是在卖你货的那批人里，找出愿意帮你卖货，而且能卖货的人。
- 核心终端，一般基于这几个条件出发，有资金实力，认可品牌，关系不错，销售能力、销售额、客户数量、消费能力可以支撑你的产品需要。
- 根据不同的级别做到有针对性的营销和支持。
- 做好服务，要做到足够了解。不了解他们就做不好策略和动销。比如顾客人群、顾客的购买习惯、动销手段、维护手段、对应潜力人群、目标人群、购买价位、频次、数量、偏好。
- 只做几个动作，标准很重要。
- 最好 1 + 最好 2 + 最好 3 = 最好。例如：店内最佳产品陈列 + 店内最佳物料氛围 + 店内最大化陈列面。
- 统一 1 + 统一 2 + 统一 3 = 才是最好。统一的产品陈列（4 ×4 或者 6 ×6） + 统一的物料拜访（终端氛围 5 大统一物料） + 统一的价格体系。

### 4. 协助经销商构建分销体系，以乡镇分销为主

首先，目标要正确，要找对二批商，这是前提。找对一个人，活了一盘棋。要找到信誉好、有推广能力、有提升潜力的二批商，不论他是大是小，小客户可以逐渐培养。

其次，了解客户的真正需求，抓住二批商最关心的问题，抓好二批商的下线，做好产品的售后服务。和一个信誉不好的二批商做生意，后果可想而知，与狼共舞不会有好结果。那些信誉不好、见利忘义的二批商要坚决淘汰。

最后，强化渠道商之间的横向合作，创新价值链合作模式，做到优势互补、利益共享。

### 5. 协助经销商构建公司 IP 化打造工作

每个企业都在逐渐打造 IP 化工作。笔者认为，随着行业的变革和发展，白酒经销商必须建立独有的东西。例如：打造公司的企业文化制度，并且要上墙；合作的终端店要授予××公司（品牌）金牌合作店或者钻石联盟店称号；所有业务员都要统一着装等独有的 IP 化打造动作。这样未来可以把公司打造成本区域市场的一个名片、一个标杆，让更多的消费者了解公司，知道公司代理的品牌，从而建立对公司的认知。

### 6. 要求经销商阶段性人员激励，刺激员工的积极性

人是任何经销商持续发展的根本，也是经销商是否可以一步一个台阶的关键因素。经销商在制定薪资考核的基础上，也要阶段性开展人员

工作激励的内容。

①分组合作，有阶段、有竞争；把现有的销售团队按照小组进行分配，分别给予不同的“战场”，阶段性开展工作比拼，结束后给优胜的队伍奖励。

②清楚产品运作阶段，明确激励对象。复杂的问题简单化，通过表象的分析寻找出问题的本质，寻找出关键人。

③找准关键人的核心需求，并满足需求。无的放矢的事少做，确保每一次的激励都成功有效。

以上是笔者对目前激烈的行业竞争环境下，如何协助白酒经销商进行系统升级的见解。笔者认为，经销商的系统升级不是一朝一夕的事情，现在白酒行业竞争也没有“一刀毙命”的招式，只有不断地“修炼内功”，再加上“多多打仗”才能在逆境中杀出一条血路。

# 第五章

## 人员管理与自我提升

# 一、如何管理白酒区域市场的业务员

白酒基础业务员的日常管理工作，一直是企业和白酒贸易公司比较注重的一项工作，也有很多公司在人员的管理层面采取各种各样的精细化管理模式。笔者根据目前操作较好的白酒贸易公司和部分企业的区域办事处的人员管理制度总结成文，以供一些不知道如何管理销售团队或者在此层面需要提升的企业参考。

## （一）白酒区域基础业务员工具管理

**路线图：**

- 区域网格化，拜访线路化。
- 网点信息梳理；空白网点标注、线路及网点制图。
- 核心要点：以街道进行划分，形成区域封闭，每条线路拜访的网点数形成均衡，以 25 ~ 30 家网点最佳。
- 硬件匹配：城区业务员要求有交通工具，能够实现单兵作战。

**线路图绘制指引：**

网点梳理：无论已合作还是空白网点都要统计在册，形成对区域网点覆盖推进的明确计划。

网点分类：按网点类型分为烟酒店、餐饮店、超市、批发部；按是否合作分为已合作网点和空白网点。

绘制步骤：根据现有网点数量，将现有网点编成N条路线，要求每条路线不少于25家终端。

将要绘制的网点涉及的道路绘制在空白纸上，在标注出已合作网点的同时标注出该路线中空白网点和标志性建筑物：烟酒店用■、餐饮店用●、超市用★、批发部用◆标注；已合作为实心，空白网点为空心；每条路线对应一张路线图。

线路图的使用说明：每张线路图配套一份网点信息表，存放于办公桌专用文件夹内，并抄送至相关管理部门一份，公司管理人员需了解市场建设情况，随时调阅。

相关督导部根据业务员提交的线路图及信息表开展查岗工作。

业务员坚持按线路拜访，防止丢点漏点；管理人员跟进、督促空白网点开发。

## （二）白酒区域基础业务员报表管理

### 1. 日报表管理目的

①规范化管理。

②强化业务员终端拜访过程和结果管理。

③积累本品终端网点数据及有效信息。

④为督查核实网点信息质量提供依据。

⑤后期提升业务员效率提供翔实数据。

## 2. 日报表的说明

- 每日根据已制定的路线图，业务员应严格执行，按路线图的规定对终端进行逐一拜访。
- 对已合作的网点，汇总自上次拜访至今日的产品进销存情况。同时，向终端宣导核心店政策、婚事宴政策、进货累计奖励政策。
- 对未合作的网点，持续进行客情拉动和沟通，适时地宣传上货政策，并将未达成的原因归纳总结。
- 针对竞品，在终端拜访中，要搜集事宴政策、常规进货政策、阶段性压货政策等。
- 将所了解到的所有信息按要求填写日报表，如表 5－1 所示。

**表 5－1　日报表**

| | |
|---|---|
| **拜访时间** | 为当天拜访该店的具体时间（24 小时制），如 15：30—15：50 |
| **店名** | 填写店面招牌上名称，要求和网点资料表保持一致 |
| **地址** | 两条道路交叉口东、西、南、北多少米，店面坐落的道路写在前面，有标志建筑物的要特别说明，如解放路（西）与建设大街交叉口向南 50 米数码大厦楼下 |
| **电话** | 若是固定电话要有区号；尽量留下手机号码 |
| **主销产品** | 精细到×品牌××产品，注明成交价 |
| **本品陈列** | 什么产品、多少陈列面 |
| **拜访内容** | 在对应的表格内勾选 |
| **备注** | 填写今日去该终端的主要工作内容，了解到的市场信息，需特别跟进的其他事项 |
| **数据汇总** | 工作达成，开发网点几家，补货几家，终端动销×瓶 |

## 3. 日报表管理要求

• 日报表反映业务员一天的工作过程，对于业务员拜访路线安排合理性、拜访过程是否达到公司要求、工作中还存在哪些需改进的地方，城市经理应作出点评或批示，帮助业务员成长。

• 日报表中，业务员需要公司帮助解决的问题，城市经理应及时给予解决，并记录在城市经理工作日报中，对于自己不能解决的问题要及时上报寻求解决办法。

• 业务员反馈的竞品信息及产品销售状态，城市经理应及时汇总。

核心要点：以县级市场为单元，晨会后由城市经理对每日报表体现出的产品动销信息进行汇总，报集团后台由专人进行汇总统计，形成产品的动态销售信息。

## 4. 周报和月报

• 业务员每周六晚会期间（最迟21：00）将各自的标准周报表上交城市经理处，由城市经理汇总为区域市场总表后于周日12：00前上交至公司财务部，并抄送至市场部、督导部。

• 市场部在收到各市场《标准周报表》后，将表中“市场情况一览表”打印出来，周一上班送董事长审阅。

汇总要求：业务员及城市经理对所提交表格负责，督导部对网点信息完整、新开网点及终端动销数据真实性进行检查。

周报表模板如表5－2所示。

表 5－2　××品牌销售团队周报表

姓名：　　区域：　　　　提报日期：　　年　月　日

| 时间周期 | | 备注 |
| --- | --- | --- |
| 目前××品牌销售状况 | | |
| 本周工作完成情况 | | |
| ××品牌市场建议 | | |
| 竞品市场动作 | | |
| 下周工作计划 | | |

月报填写模板：

销售情况汇报：全年销售任务、本月销售额、截至本月任务规划总额、截至本月任务完成总量、实际完成销售额与规划任务差额。

本月工作总结：

• 客户拜访汇报，主要包括拜访客户明细、拜访目的、实际达成共识、产生销量。

• 本月重点客户跟踪（帮扶）情况，主要包括客户及帮扶措施规划、帮扶动作实施进展、帮扶动作效果总结。

• 目标客户开发进展，主要包括本月客户开发目标、实际达成、达成经验分享、未达成原因分析等。

• 本月区域市场特殊情况反馈。

下月工作规划：

• 客户拜访规划，主要包括拜访客户名称、拜访目的、解决预案等。

• 重点客户跟踪（帮扶）规划，主要包括重点客户现状分析、主要客户存在的问题、计划采取帮扶动作等。

• 客户开发规划，主要包括空白市场开发规划、目标客户开发规划等。

- 月度差额“补救”措施，即如何补救实际销量与目标任务差距的办法。
- 公司临时安排其他事项工作安排，下月所需公司协助、支持等。

## （三）白酒区域基础业务员客户档案表

**表5－3　重点酒店档案表**

区域：________________　规模分级：________________

份额分级：________________

是否签订三方协议：是□　否□

签订日期：______年____月____日　协议编号：________________

| 酒店名称 | | 电　话 | | 生意状况： |
|---|---|---|---|---|
| 经营性质 | | 地　址 | | |
| 负责人 | | 电　话 | | |
| 采购负责人 | | 电　话 | | |
| 财务负责人 | | 电　话 | | |
| 经营场所是否租赁 | | 营业起始时间 | 年　月 | |
| 大厅：　桌 | 包厢：　间 | 午餐上座率：　% | 晚餐上座率：　% | |
| 经营特色 | □海鲜 | □中餐 | □火锅 | 其他： |
| 消费档次 | □超高档 | □高档 | □中档 | |
| 团体消费 | □大 | □中 | □小 | |
| 酒类消费情况 | 白酒 | □大 | □一般 | □少 |
| 经营特点 | □关系店 | □招牌店 | □散客店 | |

续表

<table>
<tr><td rowspan="8">现有酒类<br>销售情况</td><td colspan="10">销售最好的白酒品牌：NO. 1：__________<br>NO. 2：__________ NO. 3：__________</td></tr>
<tr><td colspan="10">我公司进店产品供货商：<br>国缘__________，典藏__________</td></tr>
<tr><td>品种</td><td></td><td></td><td></td><td></td><td></td><td></td><td></td><td></td><td></td></tr>
<tr><td>进价</td><td></td><td></td><td></td><td></td><td></td><td></td><td></td><td></td><td></td></tr>
<tr><td>售价</td><td></td><td></td><td></td><td></td><td></td><td></td><td></td><td></td><td></td></tr>
<tr><td>品种</td><td></td><td></td><td></td><td></td><td></td><td></td><td></td><td></td><td></td></tr>
<tr><td>进价</td><td></td><td></td><td></td><td></td><td></td><td></td><td></td><td></td><td></td></tr>
<tr><td>售价</td><td></td><td></td><td></td><td></td><td></td><td></td><td></td><td></td><td></td></tr>
<tr><td>合作方式</td><td colspan="10">1. 定量返利：　费用：　2. 产品进店：　费用：<br>3. 促销买断：　费用：　4. 其他：</td></tr>
</table>

| 月份<br>瓶数 | 1 | 2 | 3 | 4 | 5 | 6 | 7 | 8 | 9 | 10 | 11 | 12 | 销量合计 |
|---|---|---|---|---|---|---|---|---|---|---|---|---|---|
| | | | | | | | | | | | | | |
| | | | | | | | | | | | | | |
| 投入（万元） | | | | | | | | | | | | | |

**表 5－4　重点商超档案表**

区域：__________　　规模分级：__________

份额分级：__________

<table>
<tr><td colspan="8">商超名称</td><td colspan="8"></td><td colspan="8">电　话</td><td colspan="8">地　址</td><td colspan="8"></td></tr>
<tr><td colspan="8">经营性质</td><td colspan="8"></td><td colspan="8"></td><td colspan="8">生意状况</td><td colspan="8"></td></tr>
<tr><td colspan="5">法　人</td><td colspan="5"></td><td colspan="5">电　话</td><td colspan="5"></td><td colspan="5">财务<br>联系人</td><td colspan="5"></td><td colspan="5">电　话</td><td colspan="5"></td></tr>
<tr><td colspan="5">实权人</td><td colspan="5"></td><td colspan="5">电　话</td><td colspan="5"></td><td colspan="5">采购<br>联系人</td><td colspan="5"></td><td colspan="5">电　话</td><td colspan="5"></td></tr>
<tr><td colspan="10">经营场所是否租赁</td><td colspan="5"></td><td colspan="15">营业起始时间</td><td colspan="10">年　　月</td></tr>
<tr><td colspan="7">注册资金</td><td colspan="7"></td><td colspan="6">付款方式</td><td colspan="8">现金、转账</td><td colspan="6">账　期</td><td colspan="6"></td></tr>
</table>

续表

<table>
<tr><td>开户行</td><td colspan="3"></td></tr>
<tr><td>税　号</td><td></td><td>账 号</td><td></td></tr>
<tr><td>商超类型</td><td>□国际卖场　□中型超市<br>□小型超市　□商场</td><td>营业面积</td><td></td></tr>
<tr><td>销售档次</td><td colspan="3">□高档　　□中档　　□ 低档</td></tr>
<tr><td>团体消费</td><td colspan="3">□ 大　　□ 中　　□ 小</td></tr>
</table>

<table>
<tr><td rowspan="8">现有酒类<br>销售情况</td><td colspan="10">销售最好的白酒品牌　高档：__________售价：__________<br>中档：______售价：______；低档：______售价：______</td></tr>
<tr><td colspan="10">我公司进店产品供货商：国缘__________，典藏__________</td></tr>
<tr><td>品种</td><td></td><td></td><td></td><td></td><td></td><td></td><td></td><td></td><td></td></tr>
<tr><td>进价</td><td></td><td></td><td></td><td></td><td></td><td></td><td></td><td></td><td></td></tr>
<tr><td>售价</td><td></td><td></td><td></td><td></td><td></td><td></td><td></td><td></td><td></td></tr>
<tr><td>品种</td><td></td><td></td><td></td><td></td><td></td><td></td><td></td><td></td><td></td></tr>
<tr><td>进价</td><td></td><td></td><td></td><td></td><td></td><td></td><td></td><td></td><td></td></tr>
<tr><td>售价</td><td></td><td></td><td></td><td></td><td></td><td></td><td></td><td></td><td></td></tr>
<tr><td>合同费用、<br>内容</td><td colspan="10"></td></tr>
</table>

| 月份<br>瓶数 | 1 | 2 | 3 | 4 | 5 | 6 | 7 | 8 | 9 | 10 | 11 | 12 | 销量合计 |
|---|---|---|---|---|---|---|---|---|---|---|---|---|---|
| | | | | | | | | | | | | | |
| | | | | | | | | | | | | | |
| | | | | | | | | | | | | | |
| | | | | | | | | | | | | | |
| | | | | | | | | | | | | | |
| | | | | | | | | | | | | | |
| | | | | | | | | | | | | | |
| | | | | | | | | | | | | | |
| | | | | | | | | | | | | | |
| 投入(万元) | | | | | | | | | | | | | |

**表 5－5　重点名烟名酒店档案表**

区域：__________________　　规模分级：___________

份额分级：___________

否签订三方协议：是□　否□

签订日期：______年______月______日　协议编号：______

<table>
<tr><td colspan="4">店名</td><td colspan="4"></td><td colspan="4">门店电话</td><td colspan="4"></td><td colspan="4">地 址</td><td colspan="4"></td></tr>
<tr><td colspan="4">经营性质</td><td colspan="12"></td><td colspan="4">生意状况</td><td colspan="4"></td></tr>
<tr><td colspan="3">法　人</td><td colspan="3"></td><td colspan="3">电　话</td><td colspan="3"></td><td colspan="3">财务<br>联系人</td><td colspan="3"></td><td colspan="3">电　话</td><td colspan="3"></td></tr>
<tr><td colspan="3">实权人</td><td colspan="3"></td><td colspan="3">电　话</td><td colspan="3"></td><td colspan="3">采购<br>联系人</td><td colspan="3"></td><td colspan="3">电　话</td><td colspan="3"></td></tr>
<tr><td colspan="6">经营场所是否租赁</td><td colspan="3"></td><td colspan="6">营业起始时间</td><td colspan="9">年　月</td></tr>
<tr><td colspan="4">注册资金</td><td colspan="4"></td><td colspan="4">付款方式</td><td colspan="4">现金、转账</td><td colspan="4">账 期</td><td colspan="4"></td></tr>
<tr><td colspan="4">开户行</td><td colspan="20"></td></tr>
<tr><td colspan="4">税　号</td><td colspan="8"></td><td colspan="4">账　号</td><td colspan="8"></td></tr>
<tr><td colspan="4">营业类型</td><td colspan="12"></td><td colspan="8">营业面积：</td></tr>
<tr><td colspan="4">销售档次</td><td colspan="20">□高档　□中档　□ 低档</td></tr>
<tr><td colspan="4">团体消费</td><td colspan="20">□ 大　□ 中　□ 小</td></tr>
<tr><td colspan="4" rowspan="8">现有酒类<br>销售情况</td><td colspan="20">销售最好的白酒品牌　高档：__________　售价：__________<br>中档：______售价：______；低档：______　售价：______</td></tr>
<tr><td colspan="20">我公司进店产品供货商：国缘__________，典藏__________</td></tr>
<tr><td colspan="2">品种</td><td colspan="2"></td><td colspan="2"></td><td colspan="2"></td><td colspan="2"></td><td colspan="2"></td><td colspan="2"></td><td colspan="2"></td><td colspan="2"></td><td colspan="2"></td></tr>
<tr><td colspan="2">进价</td><td colspan="2"></td><td colspan="2"></td><td colspan="2"></td><td colspan="2"></td><td colspan="2"></td><td colspan="2"></td><td colspan="2"></td><td colspan="2"></td><td colspan="2"></td></tr>
<tr><td colspan="2">售价</td><td colspan="2"></td><td colspan="2"></td><td colspan="2"></td><td colspan="2"></td><td colspan="2"></td><td colspan="2"></td><td colspan="2"></td><td colspan="2"></td><td colspan="2"></td></tr>
<tr><td colspan="2">品种</td><td colspan="2"></td><td colspan="2"></td><td colspan="2"></td><td colspan="2"></td><td colspan="2"></td><td colspan="2"></td><td colspan="2"></td><td colspan="2"></td><td colspan="2"></td></tr>
<tr><td colspan="2">进价</td><td colspan="2"></td><td colspan="2"></td><td colspan="2"></td><td colspan="2"></td><td colspan="2"></td><td colspan="2"></td><td colspan="2"></td><td colspan="2"></td><td colspan="2"></td></tr>
<tr><td colspan="2">售价</td><td colspan="2"></td><td colspan="2"></td><td colspan="2"></td><td colspan="2"></td><td colspan="2"></td><td colspan="2"></td><td colspan="2"></td><td colspan="2"></td><td colspan="2"></td></tr>
<tr><td colspan="4">合同费用、<br>内容</td><td colspan="20"></td></tr>
</table>

续表

| 月份<br>瓶数 | 1 | 2 | 3 | 4 | 5 | 6 | 7 | 8 | 9 | 10 | 11 | 12 | 销量合计 |
|---|---|---|---|---|---|---|---|---|---|---|---|---|---|
| | | | | | | | | | | | | | |
| | | | | | | | | | | | | | |
| | | | | | | | | | | | | | |
| | | | | | | | | | | | | | |
| | | | | | | | | | | | | | |
| | | | | | | | | | | | | | |
| | | | | | | | | | | | | | |
| | | | | | | | | | | | | | |
| | | | | | | | | | | | | | |
| 投入(万元) | | | | | | | | | | | | | |

终端客户档案表是直接掌控基础终端的有效形式，也是搜集一线市场数据和客户维护的根本，对白酒企业和酒水贸易公司至关重要。

## （四）白酒区域基础业务员微信管理

### 1. 微信圈的建立

办事处级微信圈：由办事处全体员工、城市经理、分公司品牌负责人、总负责人、督导、后台负责人组成。

城市经理级微信圈：由区域市场城市经理、分公司领导、集团分管领导、督导、分公司后台组成。

## 2. 微信圈汇报节点要求

• 终端拜访前，群内报备今日拜访路线。

• 每天晚上 22：00 前汇报当天工作。

• 针对销售岗位人员的实时共享，在工作时间内，随时发起。

• 实时共享、相互鼓励。好的消息总是能够振奋人心，每一次取得成绩，发起共享，分享成功的喜悦，传播胜利的希望，给自己打气，给他人加油。

• 学习交流、共同进步。业务工作中遇到问题，第一时间在微信圈里向同事、领导求教，大家群策群力，共同解决这个问题，既显现了团队的力量，也为其他同事提供了学习的机会。

• 增进了解、互相帮助。我们是一个团队，除了工作还有生活，在工作中互相激励、共同进步，在生活中互相帮助。

• 过程管理、快速办公。遇到突发事情，群里发布消息，各个环节快速处理。

## 3. 微信圈的经营——活跃度

设定管理者，轮流当值（**先由城市经理负责**）：

• 8：00 提醒大家新的一天开始，送上心灵鸡汤励志小故事，提醒大家努力工作。

• 9：00 之后群内其他成员取得工作成果，带头表示祝贺。

• 11：00 – 12：00 提醒督导或带头发起位置共享。

• 14：00 今日工作经验分享。

• 14：30 带头发起位置共享，提醒大家进入工作岗位。

• 17：00 提醒大家一天工作即将结束，加油工作。

### 4. 督导部统计

• 督导或群管理者发起的位置共享、实时报岗及常规路线报备、工作汇报，督导人员应做好汇总统计。

• 群内学习讨论，记录成员的活跃情况、有质量的回复，作为周之星评比加分的依据：学习讨论时发言最多者加 5 分，第二名加 3 分；有质量的发言，经区域负责人评定后每条加 2 分（最多 10 分）。

## （五）白酒区域基础业务员会议管理

### 1. 晨会（30 分钟之内）

①团队口号高呼三遍，提振信心，培育激情。

②小组长主持（每个小组长及成员按周轮流主持）。

• 今日目标设定，填写上墙。

• 昨天工作简单小结。

• 励志小故事分享（压力分解，学习成长）。

### 2. 晚会

• 小组汇报今日目标达成情况及竞品信息、数据 PK。

• 主持人对今日工作简单小结。

### 3. 晨会、晚会召开要求

• 一个原则：让业务员讲晨会、晚会应该以业务员为主角，逐人汇报今天的工作，管理者是听众、是组织者、是会议记录者。

• 3 个问题：

工作计划：明天准备干什么。

工作成果：总结今天做了什么。

问题反馈：回顾昨天的工作。

• 每人 5 分钟，限定时间保证会议效率；限定时间逼迫业务员用心工作，没有踏实工作的业务员汇报持续不了 5 分钟。

核心要点：区域负责人点评，解决业务拜访过程中遇到的问题。

### 4. 团队的培训：工作技能的培训

实战模拟训练：

①分区域、分小组。

②区域网格化，拜访线路化。

③培训：业务员终端拜访 8 步骤，业务员标准话术。

④角色互换模拟演练：各小组互换角色，演练终端陌生拜访技巧。

⑤应对终端拒绝的标准语言。

## （六）白酒区域基础业务员任务管理

### 1. 任务量核心要点

任务量分解：月度任务形成静态分解、动态考核，每月月末对经销商回款、区域人员销售情况进行统计；下月任务分解，减去过往月度销量，进行重新分解。

任务量考核：经销商连续三个月没有按目标任务完成推进计划，下发任务推进函，增加商家压力；业务员没有完成当月任务的最后一名，给予降级处罚；业务员连续两个月没有完成任务，调岗或劝退。

### 2. 指标制

城区市场：人均维护网点 120～150 家，细分成 6 条线路，每天晨会按线路拜访并制定当天的引单目标销量及核心产品销售占比。

县乡市场：人均维护 6～8 个乡镇，细分成 6 条线路，每天晨会按线路拜访并制定当天的引单目标销量及核心产品销售占比。

### 3. 督导制——重罚轻奖

①过程督查——安排专人。

②业务员工作状态督查，微信实时位置共享。

③业务员工作内容督查：

- 网点信息质量、数量督查（真实性）。
- 网点拜访线路督查（核实业务员工作的有效性）。
- 第一阶段动作督查（铺市及核心网点打造，陈列协议内容督查）。

④督查处罚制度：

- 晨晚会纪律考核。
- 工作内容及结果的真实性考核及处罚。
- 对督导人员实施罚款指标的过程考核，督促督导对工作的无盲区督查，强化对督导工作的责任心和真实性。

⑤PK 制——重奖轻罚（周之星、月之星）。

- 指标设定：根据阶段工作重点，如新网点的开拓和销售引单。

• 指标权重：根据工作导向和目标，如新网点的开拓数量占权重的60%、销售引单占40%。

• 每日 PK，一周评比，每周评比，月度综合。

• 奖励先进，激励团队，同时做好团队的压力释放工作，利用罚款开展团队活动。

• 月之星有资格参选“年度优秀人员”评比。

以上内容为笔者对白酒基础业务员的日常行为管理和工作规范内容的整理，希望对于中小型企业和酒水贸易公司的从业人员管理有一定的借鉴意义。

## 二、白酒从业人员如何构建自己的思维模式

严格意义上说，思维模式是指在表象、概念的基础上进行分析、综合、判断、推理等认识活动的过程。思维是人类特有的一种精神活动及管理思维形式，具有不同结构的判断形式、推理形式、证明形式，也是不同的思维形式。白酒从业人员在激烈的市场竞争环境中如何构建自己的思维模式？应该具备哪些思维模式？怎么提升自己？本书是笔者结合目前各个行业对于销售人员思维模式的探索，进而撰写以供分享。

### （一）间谍思维

任何细节层面的蛛丝马迹都不要轻易放过，从极小的微弱优势出

发，直至找到客户的核心需求点。甘肃××酒业一名把“间谍思维”运用到极致的顶尖高手，在一次客户谈判中，他听到客户的女儿填报高考志愿的事情。该同事前年刚刚为儿子报过志愿，并形成了一套自己的量化数据模型。全程帮客户把女儿报志愿的事情搞定，结果可想而知，他和客户的客情关系达到了新的层次，充分地展现了“想客户所想、做客户所做、行客户所行、思客户所思、急客户所急”的思维。

## （二）大数据思维

把收集到的若干数据整合利用，完成销售业绩的完整拼图。大数据时代来临，相信数据的力量，极有可能让你事半功倍。例如：客户的类型、每个客户的核心终端数量、每个区域市场的核心乡镇是哪些、能卖100 元以上产品的店面、核心的团购客户的分布、年销售额突破 50 万元或 100 万元的店铺有哪些等。用自己的方式搜集起来，整理成属于自己的大数据并加以利用。

## （三）客户思维

以客户为中心，以实现客户价值为使命，从客户的需求出发考虑企业的战略决策、研发生产、服务销售等环节的一种思维方式。每个白酒销售人员都要站在客户的角度思考问题，帮助他们做需要做的事情，这样客户才能信任我们。

以客户为中心的思维模式；比客户更加熟悉客户的业务知识；对白酒营销本质的认知，优秀的业务员首先是一个知者，其次才是智者；学习和掌握系统的销售方法论，而不仅仅是靠自己的经验摸索；掌握策略销售，学会用结构化的方法分析项目。

客户思维模式中的雨伞效应：

客户之所以把你高高举起，是因为你可以为他们遮风挡雨！

想客户做得到、想不到的事；

做客户做不到、想得到的事；

想和做客户想不到又做不到的事。

## （四）目标思维

没有目标就像一条不知道目的地的船只，漫无目的地行驶在茫茫的大海中。白酒销售人员要给市场定目标、给客户定目标、给自己定目标、给团队定目标，同时给自己的人生定目标。以下为白酒区域经理的九大市场目标，如图 5－1 所示。

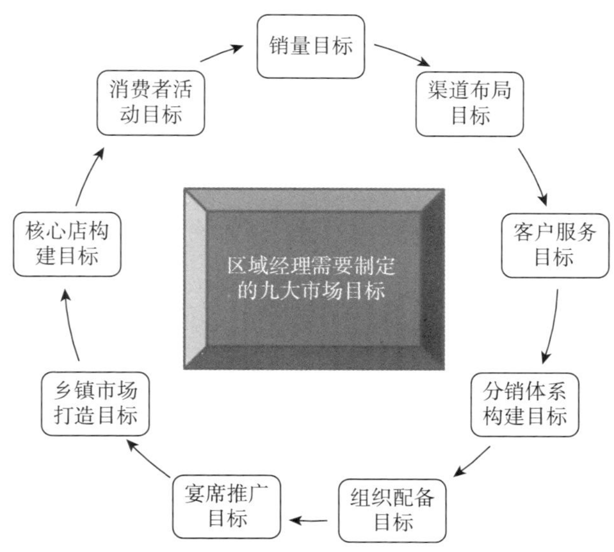


**图 5－1 白酒区域经理的九大市场目标**

## （五）换位思考思维

换位思考是一个人必备的思维模式，是一种站在对方角度去思考、去沟通、去交流、去达成自己目标的方式。例如：你和经销商的沟通、你和总经理的沟通、你和消费者的沟通、你和烟酒店终端的沟通、你和同事的沟通等，都要站在关系人的角度去表达自己的想法和行为，以个人为中心必然失败。

## （六）时间管理思维

时间是最稀缺的资源，我们需要对自己的时间进行管理，减少无效时间的浪费，增加实际工作时间。可以从以下方面入手：

- 有计划地使用时间。不会计划时间的人，等于计划失败。
- 目标明确。目标要具体，具有可实现性。
- 将要做的事情根据优先程度分先后顺序。80% 的事情只需要 20% 的努力。而 20% 的事情是值得做的，应当享有优先权。要善于区分 20% 的有价值的事情，然后根据价值大小分配时间。
- 罗列一天要做的事情。
- 要有灵活性。一般来说，只将 50% 的时间计划好，其余的 50% 应属于灵活时间，用来应对各种打扰和无法预期的事情。
- 遵循你的生物钟。你办事效率最佳的时间是什么时候？将优先要办的事情放在最佳时间里。

● 做好事情要比把事情做好更重要。做好事情是有效果；把事情做好仅仅是有效率。首先考虑效果，然后再考虑效率。

● 区分紧急事务与重要事务。紧急事务往往是短期性的，重要事务往往是长期性的，给所有罗列出来的事情定一个完成期限。

## （七）场景化的故事思维模式

在特定场景下用故事表达自己的想法和观点，是白酒从业人员个人能力的体现。在目前商家时代的白酒行业，要想让经销商对你另眼相看，场景化的故事思维模式是一种很好的“套路”。例如：某经销商利用某种形式完成了产品的推广、上市和销售；某品牌采取某形式开展消费者培育或互动，某品牌的区域经理要了解清楚，把这些内容编织成自己的语言，用故事的形式讲给经销商和销售团队。

## （八）跨界思维模式

跨界营销模式是一种战略营销联盟体，一种双赢或者多赢的战略运作手段。对企业来说，水平跨界营销是对迥然不同的事物的搭配或者延伸，但是由于水平跨界营销的核心是跨界的事物必须拥有同等价值的力量与影响，从而共同创造出集合性的整体优势。

纵向跨界营销：厂家与商家两个不同的个体连成一线，共同投入市场、共同建设渠道、共同服务消费者，实现利益共享、合力打天下，实现厂商之间的战略联盟。例如：经销商持股厂家、厂家与经销商跨界成立营销公司、经销商买断品牌经营、经销商从厂家贴牌经营等，都是厂商之间根据各自的经营优势进行的联合。

## （九）重点思维

重点思维意味着你知道自己该做哪些事、不该做哪些事。一天只有24小时，你能完成多少工作？在信息庞杂、速度加快的现代职场，我们必须在愈来愈少的时间内完成愈来愈多的事情。在如今愈趋复杂与紧凑的工作步调中，重点思维是最好的应对之道。

## （十）总结归纳思维

有人说，运营就是一个筐，什么都可以往里装。的确，运营做的事很杂，会遇到各种各样的问题，但总结起来，很多问题同属一类。运用好总结归纳思维，在遇到一个坑的时候，就可以在下次规避掉类似的问题。对一些重复性工作进行总结，形成规范，还可以提升工作效率。在做完一个活动后，无论活动效果好与坏，都应该总结一下，总结活动的成功之处与不足之处。在做运营的过程中，也可以将自己的一些工作整理成经验。比如整理出专题策划流程、运营手册等，方便今后的运营工作，提升工作效率。

- 为什么要总结？不但要自己干好，还要不断地总结经验，并向区域推广。
- 总结的方法：日工作总结、月工作总结、年度工作规划、生动案例总结、会议现场的点评与总结。

- 要养成不断总结的习惯，每次总结都是一次超越。

## （十一）计划思维

凡事预则立，不预则废。对运营应该有规划，有短期规划，也要有长期规划。在年末的时候，我们一般会制定新一年的工作目标和计划，但这里的目标和计划比较大，不够接地气，还需要将这些目标和计划落实到实际工作中。因此，我们会制定年度重要事件节点的大活动安排，通常一个月一两个活动，这样安排的目的在于大活动通常涉及开发、资源，需要早做安排，留出足够的配合时间。在每个月月末的时候，还会制定下个月的运营计划表，这个相对于年度计划就细化了很多，细化到具体通过哪些方式完成哪些事情。最后，还有周计划，周计划是给自己设定具体的工作排期，推动工作进程。

## （十二）价值思维模式

你可以为客户提供什么价值？必须让客户知道你确实提供了价值？必须让客户的各个采购角色都认为你确实提供了价值？这三点都是必要条件，不是充分条件。没有任何客户想买任何产品的本身，他们买的是解决问题的方法及由此带来的利益。销售中，价值不仅仅是产品、服务，很多时候都是销售人员甚至是销售过程提供的。大项目销售中，销售人员是形成差异和优势的一个重要方面。

### （十三）认知思维模式

产品认知：加强对产品的认知（口感、文化、市场表现等），要成为自己产品的专家。

销售认知：没有人会因为“友谊”而从你这里买单。生意的本质是交换，而客户之所以愿意交换，是因为他觉得自己赚了。他认为得到的价值比付出的多，所以销售的核心技巧都是围绕如何塑造“多”这个字展开的。

以上为笔者对白酒从业人员自我思维模式构建的见解，希望对白酒销售人员有一定的帮助。其实白酒的从业者在自我成长的过程中，不断地积累自己的经验，不断地在自己的思维模式上加以提升，才可能获得更大的平台和机会。如图5－2所示。

**图5－2　白酒从业人员自我思维模式构建**

## 三、如何成为一名优秀的白酒营销总监

“公司缺精英，行业缺人才”一直是白酒行业的难题，尤其是一个

优秀的白酒企业或者公司的操盘者更是难寻。经常有一些企业和商家找我帮助寻找有能力的营销总监，我在能力范围内已推荐了一部分，但还是无法满足每个求助者的需求。笔者根据多年的白酒营销经验和对营销总监岗位的认知进行总结，浅谈一下成为一名优秀的白酒营销总监，应该在企业或者商家中扮演什么样的角色。

## （一）白酒营销总监的岗位认知

销售总监是一个公司的职位，其核心工作职责是负责整个销售部门，销售总监是一个执行者，也是决策者。如果说企业老板是战略决策者，营销总监则是方针制定、战术运用的指挥者和实践者。在公司运营、市场拓展、团队管理、客户管理等方面，都会体现出销售总监的市场主导能力和市场快速反应能力。更多时候，营销总监需要贴近市场、了解市场而承担了决策者的角色。要想成为营销总监，一定要对这个岗位有清晰的了解和认知。

## （二）白酒营销总监任职的基本要求

- 白酒从业经验不低于 8 年，销售总监（销售总经理）任职年限不低于 3 年。
- 在全国具备一定的白酒经销商资源。
- 具备一定的战略前瞻性思维，可以有效地配合董事长制定年度战略发展规划。

- 具备一定的组织和领导管理能力，可以和大区负责人建立良好的沟通机制。
- 具备优秀的市场拓展、项目协调和谈判能力。
- 具备全盘运作思维能力，可以合理有效地利用资源。
- 具备高效的执行能力，对于董事长安排的工作可以定时保质完成。
- 高度的工作热情和责任感、良好的团队合作精神，诚信、勇于挑战自己、能承受销量压力。

## （三）白酒营销总监的核心工作方向

### 1. 制定完成合理任务

制定任务是营销总监年度服务开始的基本工作，并不是“拍脑门”的“年度销售任务计划”，而是对市场和区域有一定的深入了解，而去制定的合理年度任务。营销总监需要根据公司发展规划，董事长（老板）的年销售额预期，制定科学合理的任务分解，主要包括年度销售任务、月度分销任务、各品牌分销任务、各区域分销任务等。同时，和分管区域、产品的负责人进行系统性沟通，听取大家对年度任务的意见和建议，在任务制定的基础上，奖惩机制也要随之出台。例如：完成任务如何奖励、未完成任务如何奖励（惩罚）、完成一定比例任务如何奖惩、超额完成任务部分如何奖励等，这样才算是完整的任务制定计划。

## 2. 建立一套完善的上下级沟通机制

营销总监的直接领导为董事长，直接下属为各个大区经理和职能部门负责人。营销总监要以身作则，对公司的整体运营状况要有明确的判断和思路。其次，关于具体工作的汇报，建议每月 15 日、最后一日分别以文字形式向董事长（董事会）汇报市场的具体情况。汇报内容主要包括：目前全国销售状况、各区域销售状况、各品牌销售状况、空白市场招商情况、各区域市场发展情况、销售团队工作情况、下个月工作计划等。最后，关于下属部门负责人和区域销售负责人的人员沟通，每月至少两次和各个大区经理进行面谈或者电话沟通。主要沟通内容包括：目前市场招商情况、产品布局市场分销情况、市场活动开展情况、市场遇到的具体问题、所需公司高层支持内容等。营销总监需要建立一套完成的沟通机制，不断了解董事长的想法、市场的动向，为决策提供合理的依据。

## 3. 制定一套市场营销策略

营销策略是营销总监最直接和最核心的工作内容，营销总监需要深入地了解市场、商家、消费者需求，从而制定合理的有效模式。我认为，优秀的营销总监在制定营销策略过程中需要从四个维度去思考和制定。

①商家的模式和结构，省代模式、区域代理模式、小区域平台商模式、市县级扁平化招商模式、多商家模式并存模式等，需要营销总监针对市场情况来确定。

②产品的研发和定价，产品是消费者接受的第一感觉，营销总监无需具备美术功底，但一定要研究消费者和商家的产品认知心理。价格是

产品的生命线，要制定合理的层级价格体系、利润空间和市场支持，还要出台具体的价格管控措施。

③渠道拓展策略制定，目前白酒渠道主要分为四大主推渠道和以线上为主的多种综合渠道。无论产品主推哪个渠道。营销总监在产品运作的前中后期都要制定一套系统的渠道拓展策略执行方案，告诉经销商和团队这个产品到底怎么卖、市场到底怎么干、渠道到底怎么推和消费者到底怎么说。

④品牌推广形式的制定。品牌推广作为产品在市场运作过程中的辅助策略，也是属于告知消费者品牌概念和产品信息的直接形式。营销总监在整个营销环节过程中不仅要制定消费者培育活动宣传、空中广告宣传、户外品牌形式宣传、线上媒体宣传、专业媒体公众号宣传等品牌形式，还要制定促销品、宣传品、VI 系统等落地性物料内容，都属于品牌推广内容。

除了以上笔者所说的四个维度，营销总监还需要在年度营销指导方针、阶段性活动、异业合作等方面综合考虑年度营销策略。

## （四）了解一切竞争对手的市场动态

“知己知彼，百战不殆；知己不知彼，一胜一负；不知己不知彼，必败无疑。”把此理论放到白酒行业的竞争中，依然是不变的竞争真理。白酒营销总监在全盘运作的过程中，对自己和对手的了解都至关重要。获得竞争对手信息的途径有很多，比如销售会议中通过区域负责人了解、营销总监亲自走访市场的过程中了解、通过和经销商沟通过程中了解、行业媒体和公众平台了解、竞争对手的自我媒体了解、邀请专业公司做系统的市场调研了解等，都是了解对手动态的好“套路”。在了解完竞争对手的“策略”和“动作”后，作为营销总监就要分析竞争对手市场策略的“利弊”，对自我产品和市场的影响程度，做出强有力的反击。

## （五）完善一套管理制度

没有规矩难成方圆，在市场运作中，规矩演变为可执行的制度。在一个团队中，上下级之间如何层级沟通、不同职能部门如何携手做事、团队成员如何管理和进行绩效考核等都需要制度来保障。作为一名优秀的营销总监，千万不能凭个人喜好、经验主义、本本主义来替代制度管理，要知道你所领导的团队，人都是有惰性的，永远不要寄希望员工有自觉性。如果没有一个合理的流程就没有一个好的做事准则，如果没有一个完善的制度，那么公司的各个阶层都是在斗心眼、斗能力，这个时候如何能够做好执行呢？

## （六）打造一支强有力的队伍

营销大团队是一切工作的保障，也是整个营销体系持续稳定推动的基石。团队执行力系统打造是一个系统工程，并不是一蹴而就的，然而团队执行力关系到企业各项决策能否高效贯彻，关系到企业能否打硬仗、打胜仗，因此营销总监必须重视。笔者认为，营销大团队不仅仅包括销售人员，还包括后台职能部门、经销商团队、企业高层、外脑智业团队、其他合作公司单位等属于营销大团队的一个团体。营销总监要利用和整合这些资源，将最专业的人放在最适合的岗位，营销总监不一定什么事情都会干，但会利用每一个会干的人，这是关键。

## （七）建立一份真诚沟通的客情

营销总监是整个营销团队的灵魂和标杆，除了自身的责任外，要具有全局和整体观念，要站在一个高度来严格要求自己，而不能单枪匹马、孤军奋战，要在领会公司政策的前提下带领团队认真贯彻执行。因此，团队的领导人必须有包容、宽阔的胸襟，即便自身能力很强，也要讲究团结互助、共同奋斗。在对员工的态度上，既要有鞭策，更要有鼓励，取得成绩不张扬，因为市场变数很大，遭遇挫折不气馁，试想冬天即将过去，春天还会远吗？我们应该明白人心都是肉做的，人与人之间都在渴求情感的抚慰。所以，在具体工作中，不是一味地板起面孔压任务，而是想方设法凝聚人心，找出市场的突破口。

## （八）构建自己的一套独立思维模式

营销总监的思维模式，笔者认为应该具备“线性思维”和“全局思维”的双重模式，可以从一个单项工作向上向下延伸思考而形成独有的线性思维，还要从多个工作模块全面考虑而形成全局思维的能力。销售总监首先是一名决策者，其次才是管理者。决策层一定不要陷入事务性工作，要尽可能让下属经理承担检核、督办、执行工作，有些小问题即使看到了也“熟视无睹”，不管工作压力有多大，始终要尽力保持理性的头脑、气定神闲的工作节奏，有更多的精力去思考；做宏观把握；观察目前的管理漏洞，出台新制度；观察消费者行为、分析本品和竞品的销售状况及优势对比，制定改良策略（如产品的品种、口味、容量、包装等方面的改变、主攻区域、渠道的重新界定）；观察销售数字中隐含的问题，采取补救措施（如发现弱势区域现场巡访，及时督促下属经理跟进），乃至观察下属重要岗位人员是否称职，决定人员调整方案。

以上为笔者总结的关于一名优秀的营销总监的一些看法和观点，营销总监是一个企业销售的灵魂人物，也是一个企业在销售层面成功的关键。做好一名销售大区经理未必可以做好销售总监，这个岗位需要具备强大的能力和强有力的思维模式。关键时刻可以做出正确的判断，在战略方面做出合理的指导方针，从而带领企业走向成功。

# 推荐作者得新书！

## 博瑞森征稿启事

**亲爱的读者朋友：**

感谢您选择了博瑞森图书！希望您手中的这本书能给您带来实实在在的帮助！

博瑞森一直致力于发掘好作者、好内容，希望能把您最需要的思想、方法，一字一句地交到您手中，成为管理知识与管理实践的桥梁。

但是我们也知道，有很多深入企业一线、经验丰富、乐于分享的优秀专家，或者忙于实战没时间，或者缺少专业的写作指导和便捷的出版途径，只能茫然以待……

还有很多在竞争大潮中坚守的企业，有着异常宝贵的实践经验和独特的洞察，但缺少专业的记录和整理者，无法让企业的经验和故事被更多的人了解、学习……

**对读者而言，这些都太遗憾了！**

博瑞森非常希望能将这些埋藏的"宝藏"发掘出来，贡献给广大读者，让更多的人从中受益。

所以，我们真心地邀请您，我们的老读者，帮我们搜寻：

**推荐作者**

可以是您自己或您的朋友，只要对本土管理有实践、有思考；可以是您通过网络、杂志、书籍或其他途径了解的某位专家，不管名气大小，只要他的思想和方法曾让您深受启发。

可以是管理类作品，也可以超出管理，各类优秀的社科作品或学术作品。

**推荐企业**

可以是您自己所在的企业，或者是您熟悉的某家企业，其创业过程、运营经历、产品研发、机制创新，等等。无论企业大小，只要乐于分享、有值得借鉴书写之处。

**总之，好内容就是一切！**

博瑞森绝非"自费出书"，出版费用完全由我们承担。您推荐的作者或企业案例一经采用，我们会立刻向您赠送书币 1000 元，可直接换取任何博瑞森图书的纸书或电子书。

感谢您对本土管理原创、博瑞森图书的支持！

推荐投稿邮箱：bookgood@126.com　　推荐手机：13611149991

## 1120 本土管理实践与创新论坛

这是由100多位本土管理专家联合创立的企业管理实践学术交流组织，旨在孵化本土管理思想、促进企业管理实践、加强专家间交流与协作。

论坛每年集中力量办好两件大事：第一，**“出一本书”**，汇聚一年的思考和实践，把最原创、最前沿、最实战的内容集结成册，贡献给读者；第二，**“办一次会”**，每年11月20日本土管理专家们汇聚一堂，碰撞思想、研讨案例、交流切磋、回馈社会。

**论坛理事名单**（以年龄为序，以示传承之意）

**首届常务理事：**

彭志雄　曾　伟　施　炜　杨　涛　张学军　郭　晓　程绍珊　胡八一
王祥伍　李志华　陈立云　杨永华

**理　　事：**

张再林　卢根鑫　刘文瑞　王铁仁　周荣辉　罗　珉　房西苑　曾令同
黄民兴　陆和平　孟广桥　宋杼宸　张国祥　刘承元　叶兴平　曹子祥
宋新宇　吴越舟　吴　坚　杜建君　戴欣明　仲昭川　刘春雄　刘祖轲
张茂泽　段继东　陈立胜　梁　涛　何　慕　秦国伟　贺兵一　罗海容
张小虎　陈忠建　郭　剑　余晓雷　黄中强　朱玉童　沈　坤　阎立忠
张　进　丁兴良　朱仁健　薛宝峰　史贤龙　卢　强　史幼波　黄剑黎
叶敦明　王　涛　李文才　王　强　张远凤　陈　明　廖信琳　岑立聪
方　刚　何足奇　周　俊　杨　奕　孙行健　孙嘉晖　张东利　郭富才
叶　宁　何　屹　沈　奎　王明胤　王　超　马宝琳　谭长春　杨竣雄
夏惊鸣　张　博　段传敏　李洪道　胡浪球　孙　波　唐江华　程　翔
翟玉忠　刘红明　杨鸿贵　伯建新　高可为　李　蓓　王春强　孔祥云
戴　勇　贾同领　罗宏文　张兵武　史立臣　李政权　余　盛　陈小龙
尚　锋　邢　雷　余伟辉　李小勇　苗庆显　孙　巍　陈继展　全怀周
林延君　王清华　初勇钢　陈　锐　高继中　聂志新　黄　屹　沈　拓
徐伟泽　潦　寒　谭洪华　崔自三　王玉荣　蒋　军　侯军伟　黄润霖
朱伟杰　金国华　吴　之　葛新红　周　剑　崔海鹏　李治江　陈海超
柏　龑　唐道明　刘书生　朱志明　曲宗恺　杜　忠　黄渊明　王献永
范月明　吕　林　刘文新　赵晓萌　张　伟　韩　旭　韩友诚　熊亚柱
秦海林　孙彩军　刘　雷　贺小林　王庆云　黄　娜　俞士耀　田　军
丁　昀　张小峰　黄　磊　罗晓慧　赵海永　伏泓霖　任彭枞　梁小平
鄢圣安　马方旭　乐　涛　杨晓燕　欧阳莉华　陈　慧　张　璐

## 企业案例·老板传记

| | 书名．作者 | 内容/特色 | 读者价值 |
|---|---|---|---|
| 企业案例·老板传记 | **你不知道的加多宝:原市场部高管讲述**<br>曲宗恺　牛玮娜　著 | 前加多宝高管解读加多宝 | 全景式解读,原汁原味 |
| | **借力咨询:德邦成长背后的秘密**<br>官同良　王祥伍　著 | 讲述德邦是如何借助咨询公司的力量进行自身与发展的 | 来自德邦内部的第一线资料,真实、珍贵,令人受益匪浅 |
| | **娃哈哈区域标杆:豫北市场营销实录**<br>罗宏文　赵晓萌　等著 | 本书从区域的角度来写娃哈哈河南分公司豫北市场是怎么进行区域市场营销,成为娃哈哈全国第一大市场、全国增量第一高市场的一些操作方法 | 参考性、指导性,一线真实资料 |
| | **六个核桃凭什么:从0过100亿**<br>张学军　著 | 首部全面揭秘养元六个核桃裂变式成长的巨著 | 学习优秀企业的成长路径,了解其背后的理论体系 |
| | **像六个核桃一样:打造畅销品的36个简明法则**<br>王　超　范　萍　著 | 本书分上下两篇:包括"六个核桃"的营销战略历程和36条畅销法则 | 知名企业的战略历程极具参考价值,36条法则提供操作方法 |
| | **解决方案营销实战案例**<br>刘祖轲　著 | 用10个真案例讲明白什么是工业品的解决方案式营销,实战、实用 | 有干货、真正操作过的才能写得出来 |
| | **招招见销量的营销常识**<br>刘文新　著 | 如何让每一个营销动作都直指销量 | 适合中小企业,看了就能用 |
| | **我们的营销真案例**<br>联纵智达研究院　著 | 五芳斋粽子从区域到全国/诺贝尔瓷砖门店销量提升/利豪家具出口转内销/汤臣倍健的营销模式 | 选择的案例都很有代表性,实在、实操! |
| | **中国营销战实录:令人拍案叫绝的营销真案例**<br>联纵智达　著 | 51个案例,42家企业,38万字,18年,累计2000余人次参与…… | 最真实的营销案例,全是一线记录,开阔眼界 |
| | **双剑破局:沈坤营销策划案例集**<br>沈　坤　著 | 双剑公司多年来的精选案例解析集,阐述了项目策划中每一个营销策略的诞生过程,策划角度和方法 | 一线真实案例,与众不同的策划角度令人拍案叫绝、受益匪浅 |
| | **宗:一位制造业企业家的思考**<br>杨　涛　著 | 1993年创业,引领企业平稳发展20多年,分享独到的心得体会 | 难得的一本老板分享经验的书 |
| | **简单思考:AMT咨询创始人自述**<br>孔祥云　著 | 著名咨询公司(AMT)的CEO创业历程中点点滴滴的经验与思考 | 每一位咨询人,每一位创业者和管理经营者,都值得一读 |
| | **边干边学做老板**<br>黄中强　著 | 创业20多年的老板,有经验、能写、又愿意分享,这样的书很少 | 处处共鸣,帮助中小企业老板少走弯路 |
| | **三四线城市超市如何快速成长:解密甘雨亭**<br>IBMG国际商业管理集团　著 | 国内外标杆企业的经验+本土实践量化数据+操作步骤、方法 | 通俗易懂,行业经验丰富,宝贵的行业量化数据,关键思路和步骤 |
| | **中国首家未来超市:解密安徽乐城**<br>IBMG国际商业管理集团　著 | 本书深入挖掘了安徽乐城超市的试验案例,为零售企业未来的发展提供了一条可借鉴之路 | 通俗易懂,行业经验丰富,宝贵的行业量化数据,关键思路和步骤 |

## 互联网+

| | 书名．作者 | 内容/特色 | 读者价值 |
|---|---|---|---|
| 互联网+ | **新营销**<br>刘春雄　著 | 新营销的新框架体系是场景是产品逻辑,IP是品牌逻辑,社群是连接逻辑,传播是营销逻辑 | 助力品牌商实现由传统营销到新营销的理念和行动的跨越,助力企业打赢升级转型之仗 |
| | **企业微信营销全指导**<br>孙　巍　著 | 专门给企业看到的微信营销书,手把手教企业从小白到微信营销专家 | 企业想学微信营销现在还不晚,两眼一抹黑也不怕,有这本书就够 |

续表

| | | | |
|---|---|---|---|
| 互联网+ | **企业网络营销这样做才对:B2B大宗 B2C**<br>张　进　著 | 简单直白拿来就用,各种窍门信手拈来,企业网络营销不麻烦也不用再头疼,一般人不告诉他 | B2B、大宗 B2C 企业有福了,看了就能学会网络营销 |
| | **互联网时代的银行转型**<br>韩友诚　著 | 以大量案例形式为读者全面展示和分析了银行的互联网金融转型应对之道 | 结合本土银行转型发展案例的书籍 |
| | **正在发生的转型升级·实践**<br>本土管理实践与创新论坛　著 | 企业在快速变革期所展现出的管理变革新成果、新方法、新案例 | 重点突出对于未来企业管理相关领域的趋势研判 |
| | **触发需求:互联网新营销样本·水产**<br>何足奇　著 | 传统产业都在苦闷中挣扎前行,本书通过鲜活的案例告诉你如何以需求链整合供应链,从而把大家熟知的传统行业打碎了重构、重做一遍 | 全是干货,值得细读学习,并且作者的理论已经经过了他亲自操刀的实践检验,效果惊人,就在书中全景展示 |
| | **移动互联新玩法:未来商业的格局和趋势**<br>史贤龙　著 | 传统商业、电商、移动互联,三个世界并存,这种新格局的玩法一定要懂 | 看清热点的本质,把握行业先机,一本书搞定移动互联网 |
| | **微商生意经:真实再现 33 个成功案例操作全程**<br>伏泓霖　罗晓慧　著 | 本书为 33 个真实案例,分享案例主人公在做微商过程中的经验教训 | 案例真实,有借鉴意义 |
| | **阿里巴巴实战运营——14 招玩转诚信通**<br>聂志新　著 | 本书主要介绍阿里巴巴诚信通的十四个基本推广操作,从而帮助使用诚信通的用户及企业更好地提升业绩 | 基本操作,很多可以边学边用,简单易学 |
| | **阿里巴巴实战运营 2:诚信通热卖技巧**<br>聂嵘海　著 | 诚信通 TOP 商家赚钱的密码箱,手把手教你操作,拿来就用 | 图文并茂,内容齐全,直接可以对照使用 |
| | **抖音营销如何做:未来抖商**<br>刘大贺　著 | 解密从 0 到 1 亿粉丝的实操路径,深度剖析抖音营销全系统策略 | 企业做抖音营销的第一书 |
| | **微商团队长:从入门到精通**<br>罗品牌　著 | 由浅入深,涵盖微商团队长必学技能的方方面面 | 只要照着做,就能当好微商团队长 |
| | **互联网精准营销**<br>蒋　军　著 | 怎么在互联网时代整体策划、包装品牌和产品,并在此基础上为企业设计商业模式,技术实现并运营落地 | 为有基础的小微企业(大企业的新项目)1 年实现销售额过亿,2 年对接资本,3 年左右准 IPO |
| | **今后这样做品牌:移动互联时代的品牌营销策略**<br>蒋　军　著 | 与移动互联紧密结合,告诉你老方法还能不能用,新方法怎么用 | 今后这样做品牌就对了 |
| | **互联网+"变"与"不变":本土管理实践与创新论坛集萃·2016**<br>本土管理实践与创新论坛　著 | 本土管理领域正在产生自己独特的理论和模式,尤其在移动互联时代,有很多新课题需要本土专家们一起研究 | 帮助读者拓宽眼界、突破思维 |
| | **创造增量市场:传统企业互联网转型之道**<br>刘红明　著 | 传统企业需要用互联网思维去创造增量,而不是用电子商务去转移传统业务的存量 | 教你怎么在"互联网+"的海洋中创造实实在在的增量 |
| | **重生战略:移动互联网和大数据时代的转型法则**<br>沈　拓　著 | 在移动互联网和大数据时代,传统企业转型如同生命体打算与再造,称之为"重生战略" | 帮助企业认清移动互联网环境下的变化和应对之道 |
| | **画出公司的互联网进化路线图:用互联网思维重塑产品、客户和价值**<br>李　蓓　著 | 18 个问题帮助企业一步步梳理出互联网转型思路 | 思路清晰、案例丰富,非常有启发性 |
| | **7 个转变,让公司 3 年胜出**<br>李　蓓　著 | 消费者主权时代,企业该怎么办 | 这就是互联网思维,老板有能这样想,肯定倒不了 |
| | **跳出同质思维,从跟随到领先**<br>郭　剑　著 | 66 个精彩案例剖析,帮助老板突破行业长期思维惯性 | 做企业竟然有这么多玩法,开眼界 |

续表

| 行业类:零售、白酒、食品/快消品、农业、医药、建材家居等 | | | |
|---|---|---|---|
| | 书名．作者 | 内容/特色 | 读者价值 |
| 零售·超市·餐饮·服装 | **总部有多强大,门店就能走多远**<br>IBMG 国际商业管理集团　著 | 如何把总部做强,成为门店的坚实后盾 | 了解总部建设的方法与经验 |
| | **超市卖场定价策略与品类管理**<br>IBMG 国际商业管理集团　著 | 超市定价策略与品类管理实操案例和方法 | 拿来就能用的理论和工具 |
| | **连锁零售企业招聘与培训破解之道**<br>IBMG 国际商业管理集团　著 | 围绕零售企业组织架构、培训体系建设等内容进行深刻探讨 | 破解人才发现和培养瓶颈的关键点 |
| | **中国首家未来超市:解密安徽乐城**<br>IBMG 国际商业管理集团　著 | 介绍了乐城作为中国首家未来超市从无到有的传奇经历 | 了解新型零售超市的运作方式及管理特色 |
| | **三四线城市超市如何快速成长:解密甘雨亭**<br>IBMG 国际商业管理集团　著 | 揭秘一家三四线连锁超市的经验策略 | 不但可以欣赏它的优点,而且可以学会它成功的方法 |
| | **新零售　新终端**<br>迪智成咨询团队　著 | 梳理和提炼新零售的系统打法,将之落地在新终端建设上 | 让新零售这一看似形而上的商业概念有了可以落地的立足点 |
| | **新零售动作分解:建材　家居　家具**<br>盛斌子　著 | 第一本锁定在家居建材、家电、家装等耐用消费品领域谈新零售的书 | 第一本谈新零售的具体动作、策略、方法、招术的书,拿来就用 |
| | **新零售进化趋势与未来格局**<br>李政权　著 | 通过业态、品类、体验、场景等,逐一呈现新零售的未来进化 | 就新零售未来的发展方向与进化趋势给出一个确定性的未来 |
| | **涨价也能卖到翻**<br>村松达夫　【日】 | 提升客单价的 15 种实用、有效的方法 | 日本企业在这方面非常值得学习和借鉴 |
| | **移动互联下的超市升级**<br>联商网专栏频道　著 | 深度解析超市转型升级重点 | 帮助零售企业把握全局、看清方向 |
| | **手把手教你做专业督导:专卖店、连锁店**<br>熊亚柱　著 | 从督导的职能、作用,在工作中需要的专业技能、方法,都提供了详细的解读和训练办法,同时附有大量的表单工具 | 无论是店铺需要统一培训,还是个人想成为优秀的督导,有这一本就够了 |
| | **百货零售全渠道营销策略**<br>陈继展　著 | 没有照本宣科、说教式的絮叨,只有笔者对行业的认知与理解,庖丁解牛式的逐项解析、展开 | 通俗易懂,花极少的时间快速掌握该领域的知识及趋势 |
| | **零售:把客流变成购买力**<br>丁　昀　著 | 如何通过不断升级产品和体验式服务来经营客流 | 如何进行体验营销,国外的好经营,这方面有启发 |
| | **餐饮企业经营策略第一书**<br>吴　坚　著 | 分别从产品、顾客、市场、盈利模式等几个方面,对现阶段餐饮企业的发展提出策略和思路 | 第一本专业的、高端的餐饮企业经营指导书 |
| | **餐饮新营销**<br>杨　勇　程绍珊　著 | 在新环境下,对餐饮营销管理进行了全面深入的解读,提供了方式方法 | 全面性、系统性,区别于市面上的纯操作类作品 |
| | **电影院的下一个黄金十年:开发·差异化·案例**<br>李保煜　著 | 对目前电影院市场存大的问题及如何解决进行了探讨与解读 | 多角度了解电影院运营方式及代表性案例 |
| | **赚不赚钱靠店长:从懂管理到会经营**<br>孙彩军　著 | 通过生动的案例来进行剖析,注重门店管理细节方面的能力提升 | 帮助终端门店店长在管理门店的过程中实现经营思路的拓展与突破 |
| 耐消品 | **商用车经销商运营实战**<br>杜建君　王朝阳　章晓青　等著 | 从管理到经营,从销售到服务,系统化运作全指导 | 为经销商经营开阔思路,掌握方法 |
| | **汽车配件这样卖:汽车后市场销售秘诀 100 条**<br>俞士耀　著 | 汽配销售业务员必读,手把手教授最实用的方法,轻松得来好业绩 | 快速上岗,专业实效,业绩无忧 |

续表

| | | | |
|---|---|---|---|
| 耐消品 | **润滑油销售:这样说这样做更有效**<br>张金荣　著 | 针对渠道、经销商、终端的超实用话术 | 上车看,下车用,3 分钟就能学会。 |
| | **新经销:新零售时代,教你做大商**<br>黄润霖　著 | 从选址、产品、促销、团队、规模阐述新经销变与不变的市场手法和操作思路 | 实地拜访近 100 位经销商在传统营销手法上的创新、新营销工具的发现 |
| | **珠宝黄金新营销**<br>崔德乾　著 | 营销、品牌、产品、连接、场景、社群、服务、传播、管理及产业价值链 | 新营销在珠宝行业的实战应用,业内必备第一书 |
| | **跟行业老手学经销商开发与管理:家电、耐消品、建材家居**<br>黄润霖　著 | 全部来源于经销商管理的一线问题,作者用丰富的经验将每一个问题落实到最便捷快速的操作方法上去 | 书中每一个问题都是普通营销人亲口提出的,这些问题你也会遇到,作者进行的解答则精彩实用 |
| 白酒 | **酒水饮料快消品餐饮渠道营销手册**<br>朱伟杰　著 | 主要针对快消品(酒水、饮料)的餐饮渠道,提供了区域、商圈、不同业态的规划和促销安排等多种工具,并提出了经销商、批发商等相关人员的管理方法 | 一本酒水饮料如何在餐饮渠道销售的全能手册,内容深入翔实,可以直接照搬套用,这样的便利简直千金不换 |
| | **白酒到底如何卖**<br>赵海永　著 | 以市场实战为主,多层次、全方位、多角度地阐释了白酒一线市场操作的最新模式和方法,接地气 | 实操性强,37 个方法、6 大案例帮你成功卖酒 |
| | **变局下的白酒企业重构**<br>杨永华　著 | 帮助白酒企业从产业视角看清趋势,找准位置,实现弯道超车的书 | 行业内企业要减少 90%,自己在什么位置,怎么做,都清楚了 |
| | **1. 白酒营销的第一本书(升级版)**<br>**2. 白酒经销商的第一本书**<br>唐江华　著 | 华泽集团湖南开口笑公司品牌部长,擅长酒类新品推广、新市场拓展 | 扎根一线,实战 |
| | **区域型白酒企业营销必胜法则**<br>朱志明　著 | 为区域型白酒企业提供 35 条必胜法则,在竞争中赢销的葵花宝典 | 丰富的一线经验和深厚积累,实操实用 |
| | **10 步成功运作白酒区域市场**<br>朱志明　著 | 白酒区域操盘者必备,掌握区域市场运作的战略、战术、兵法 | 在区域市场的攻伐防守中运筹帷幄,立于不败之地 |
| | **酒业转型大时代:微酒精选 2014－2015**<br>微酒　主编 | 本书分为五个部分:当年大事件、那些酒业营销工具、微酒独立策划、业内大调查和十大经典案例 | 了解行业新动态、新观点,学习营销方法 |
| 快消品·食品 | **中国快消品营销的这些年**<br>史贤龙　著 | 作者精华文章的合集,一本书浓缩了过去十五年,中国营销的实战历程与前沿思考 | 快消品营销行业的案例和方法都原汁原味呈现,在反映当时风貌的同时,展望与反思 |
| | **营销中国茶:2 小时读懂茶叶营销**<br>史贤龙　著 | 从不同视角对中国的茶营销进行了思考,内容涉及中国茶产业战略困境、茶企规模化、茶品牌崛起、茶文化、茶营销、茶消费、茶零售、茶道等 | 内容丰富扎实,文字流畅,浓缩的都是精华,让你 2 小时读懂茶叶营销 |
| | **这样打造快消品标杆市场**<br>罗宏文　著 | 帮助你解决如何成功打造标杆市场和进行持续增量管理两大问题 | 一套系统的方法论,通俗易懂,可以直接套用 |
| | **5 小时读懂快消品营销:中国快消品案例观察**<br>陈海超　著 | 多年营销经验的一线老手把案例掰开了、揉碎了,从中得出的各种手段和方法给读者以帮助和启发 | 营销那些事儿的个中秘辛,求人还不一定告诉你,这本书里就有 |
| | **快消品招商的第一本书:从入门到精通**<br>刘　雷　著 | 深入浅出,不说废话,有工具方法,通俗易懂 | 让零基础的招商新人快速学习书中最实用的招商技能,成长为骨干人才 |
| | **乳业营销第一书**<br>侯军伟　著 | 对区域乳品企业生存发展关键性问题的梳理 | 唯一的区域乳业营销书,区域乳品企业一定要看 |

续表

| | | | |
|---|---|---|---|
| 快消品·食品 | 金龙鱼背后的粮油帝国<br>余　盛　著 | 讲述金龙鱼品牌及母公司丰益国际的商业冒险故事 | 在精彩的阅读体验中学到营销管理的方法 |
| | 食用油营销第一书<br>余　盛　著 | 10 多年油脂企业工作经验,从行业到具体实操 | 食用油行业第一书,当之无愧 |
| | 中国茶叶营销第一书<br>柏　龑　著 | 如何跳出茶行业"大文化小产业"的困境,作者给出了自己的观察和思考 | 不是传统做茶的思路,而是现在商业做茶的思路 |
| | 调味品企业八大必胜法则<br>张　戟　著 | 八大规律性的关键成功要素,背后都有本土调味品企业的成功实践 | "观点阐述 + 案例描述",行业必读 |
| | 调味品营销第一书<br>陈小龙　著 | 国内唯一一本调味品营销的书 | 唯一的调味品营销的书,调味品的从业者一定要看 |
| | 快消品营销人的第一本书:从入门到精通<br>刘　雷　伯建新　著 | 快消行业必读书,从入门到专业 | 深入细致,易学易懂 |
| | 变局下的快消品营销实战策略<br>杨永华　著 | 通胀了,成本增加,如何从被动应战变成主动的"系统战" | 作者对快消品行业非常熟悉、非常实战 |
| | 快消品经销商如何快速做大<br>杨永华　著 | 本书完全从实战的角度,评述现象,解析误区,揭示原理,传授方法 | 为转型期的经销商提供了解决思路,指出了发展方向 |
| | 快消品营销:一位销售经理的工作心得 2<br>蒋　军　著 | 快消品、食品饮料营销的经验之谈,重点图书 | 来源与实战的精华总结 |
| | 快消品营销与渠道管理<br>谭长春　著 | 将快消品标杆企业渠道管理的经验和方法分享出来 | 可口可乐、华润的一些具体的渠道管理经验,实战 |
| | 成为优秀的快消品区域经理(升级版)<br>伯建新　著 | 用"怎么办"分析区域经理的工作关键点,增加 30% 全新内容,更贴近环境变化 | 可以作为区域经理的"速成催化器" |
| | 销售轨迹:一位快消品营销总监的拼搏之路<br>秦国伟　著 | 本书讲述了一个普通销售员打拼成为跨国企业营销总监的真实奋斗历程 | 激励人心,给广大销售员以力量和鼓舞 |
| | 快消老手都在这样做:区域经理操盘锦囊<br>方　刚　著 | 非常接地气,全是多年沉淀下来的干货,丰富的一线经验和实操方法不可多得 | 在市场摸爬滚打的"老油条",那些独家绝招妙招一般你问都是问不来的 |
| | 动销四维:全程辅导与新品上市<br>高继中　著 | 从产品、渠道、促销和新品上市详细讲解提高动销的具体方法,总结作者 18 年的快消品行业经验,方法实操 | 内容全面系统,方法实操 |
| 农业 | 饲料营销有方法:策略　案例　工具<br>陈石平　著 | 跳出饲料看饲料,根据饲料营销的关键成功要素(KSF)提出 7 大核心命题 | 紧跟农牧产业发展大势,提高饲料企业营销竞争力 |
| | 新农资如何换道超车<br>刘祖轲　等著 | 从农业产业化、互联网转型、行业营销与经营突破四个方面阐述如何让农资企业占领先机、提前布局 | 南方略专家告诉你如何应对资源浪费、生产效率低下、产能严重过剩、价格与价值严重扭曲等 |
| | 中国牧场管理实战:畜牧业、乳业必读<br>黄剑黎　著 | 本书不仅提供了来自一线的实际经验,还收入了丰富的工具文档与表单 | 填补空白的行业必读作品 |
| | 中小农业企业品牌战法<br>韩　旭　著 | 将中小农业企业品牌建设的方法,从理论讲到实践,具有指导性 | 全面把握品牌规划,传播推广,落地执行的具体措施 |
| | 农资营销实战全指导<br>张　博　著 | 农资如何向"深度营销"转型,从理论到实践进行系统剖析,经验资深 | 朴实、使用!不可多得的农资营销实战指导 |
| | 农产品营销第一书<br>胡浪球　著 | 从农业企业战略到市场开拓、营销、品牌、模式等 | 来源于实践中的思考,有启发 |
| | 变局下的农牧企业 9 大成长策略<br>彭志雄　著 | 食品安全、纵向延伸、横向联合、品牌建设…… | 唯一的农牧企业经营实操的书,农牧企业一定要看 |

续表

| | | | |
|---|---|---|---|
| 医药 | **在中国，医药营销这样做：时代方略精选文集**<br>段继东　主编 | 专注于医药营销咨询15年，将医药营销方法的精华文章合编，深入全面 | 可谓医药营销领域的顶尖著作，医药界读者的必读书 |
| | **医药新营销：制药企业、医药商业企业营销模式转型**<br>史立臣　著 | 医药生产企业和商业企业在新环境下如何做营销？老方法还有没有用？如何寻找新方法？新方法怎么用？本书给你答案 | 内容非常现实接地气，踏实谈问题说方法 |
| | **医药企业转型升级战略**<br>史立臣　著 | 药企转型升级有5大途径，并给出落地步骤及风险控制方法 | 实操性强，有作者个人经验总结及分析 |
| | **新医改下的医药营销与团队管理**<br>史立臣　著 | 探讨新医改对医药行业的系列影响和医药团队管理 | 帮助理清思路，有一个框架 |
| | **医药营销与处方药学术推广**<br>马宝琳　著 | 如何用医学策划把"平民产品"变成"明星产品" | 有真货、讲真话的作者，堪称处方药营销的经典！ |
| | **医药行业大洗牌与药企创新**<br>林延君　沈　斌　著 | 一方面，围绕着变革，多角度阐述药企的应对之道；另一方面，紧扣实践，介绍近百家医药企业创新实践案例 | 医改变革10年，医药企业如何应对大洗牌？重磅出击的药企人必读书 |
| | **新医改了，药店就要这样开**<br>尚　锋　著 | 药店经营、管理、营销全攻略 | 有很强的实战性和可操作性 |
| | **电商来了，实体药店如何突围**<br>尚　锋　著 | 电商崛起，药店该如何突围？本书从促销、会员服务、专业性、客单价等多重角度给出了指导方向 | 实战攻略，拿来就能用 |
| | **OTC医药代表药店销售36计**<br>鄢圣安　著 | 以《三十六计》为线，写OTC医药代表向药店销售的一些技巧与策略 | 案例丰富，生动真实，实操性强 |
| | **OTC医药代表药店开发与维护**<br>鄢圣安　著 | 要做到一名专业的医药代表，需要做什么、准备什么、知识储备、操作技巧等 | 医药代表药店拜访的指导手册，手把手教你快速上手 |
| | **引爆药店成交率1：店员导购实战**<br>范月明　著 | 一本书解决药店导购所有难题 | 情景化、真实化、实战化 |
| | **引爆药店成交率2：经营落地实战**<br>范月明　著 | 最接地气的经营方法全指导 | 揭示了药店经营的几类关键问题 |
| | **引爆药店成交率：专业化销售解决方案**<br>范月明　著 | 药品搭配分析与关联销售 | 为药店人专业化助力 |
| | **处方药合规推广实战宝典**<br>赵佳震　著 | 推广体系搭建、推广人员岗位工作内容、推广服务外包商管理等六个方面 | 解决"医药代表转型"和"推广服务外包商管理"的困惑 |
| | **医药代理商实操全指导：新环境　新战法**<br>戴文杰　著 | 结合医药市场政策环境解读新环境下医药招商的战法，着重分析药品产业链的盈利机会 | 医药销售业务人员的必备读物 |
| | **攻略基层诊所：医药营销这样做**<br>张江民　著 | 对基层诊所的开发、维护和动销，拿来就用的方式方法 | 实战是本书的主旨，只要用心去看，就能在基层诊所市场中运用 |
| | **互联网医药的未来**<br>动脉网　编著 | 介绍了互联网医药发展的现状与趋势 | 帮助创业者和投资人看清未来，把握当下 |
| | **处方药零售这样做**<br>田　军　著 | 阐述了处方药零售的重要性，以及做处方药零售市场的具体措施和方法 | 系统性了解和掌握处方药零售方法 |
| 建材家居 | **成为最赚钱的家具建材经销商**<br>李治江　著 | 从销售模式、产品、门店等老板们最关注和最需要的方面解决问题、提供方法 | 只要你是建材、家具、家居用品的经销商老板，这就是一本必读的书 |
| | **定制家居黄金十年**<br>韩　锋　翁长华　著 | 梳理了定制家居的商业模式和发展情况 | 帮助定制家居看清方向，把握当下 |
| | **家具建材促销与引流**<br>薛　亮　李永峰　著 | 十大促销模式的详细方法和工具 | 让你天天签大单 |

续表

| | | | |
|---|---|---|---|
| 建材家居 | **家具行业操盘手**<br>王献永　著 | 家具行业问题的终结者 | 解决了干家具还有没有前途？为什么同城多店的家具经销商很难做大做强等问题 |
| | **建材家居营销：除了促销还能做什么**<br>孙嘉晖　著 | 一线老手的深度思考，告诉你在建材家居营销模式基本停滞的今天，除了促销，营销还能怎么做 | 给你的想法一场革命 |
| | **建材家居营销实务**<br>程绍珊　杨鸿贵　主编 | 价值营销运用到建材家居，每一步都让客户增值 | 有自己的系统、实战 |
| | **家居建材门店6力爆破**<br>贾同领　著 | 合盘道出一线品牌销量秘籍 | 6力招招见血，既有招数，又有策略 |
| | **建材家居门店销量提升**<br>贾同领　著 | 店面选址、广告投放、推广助销、空间布局、生动展示、店面运营等 | 门店销量提升是一个系统工程，非常系统、实战 |
| | **10步成为最棒的建材家居门店店长**<br>徐伟泽　著 | 实际方法易学易用，让员工能够迅速成长，成为独当一面的好店长 | 只要坚持这样干，一定能成为好店长 |
| | **手把手帮建材家居导购业绩倍增：成为顶尖的门店店员**<br>熊亚柱　著 | 生动的表现形式，让普通人也能成为优秀的导购员，让门店业绩长红 | 读着有趣，用着简单，一本在手、业绩无忧 |
| | **建材家居经销商实战42章经**<br>王庆云　著 | 告诉经销商：老板怎么当、团队怎么带、生意怎么做 | 忠言逆耳，看着不舒服就对了，实战总结，用一招半式就值了 |
| 工业品 | **销售是门专业活：B2B、工业品**<br>陆和平　著 | 销售流程就应该跟着客户的采购流程和关注点的变化向前推进，将一个完整的销售过程分成十个阶段，提供具体方法 | 销售不是请客吃饭拉关系，是个专业的活计！方法在手，走遍天下不愁 |
| | **解决方案营销实战案例**<br>刘祖轲　著 | 用10个真案例讲明白什么是工业品的解决方案式营销，实战、实用 | 有干货、真正操作过的才能写得出来 |
| | **变局下的工业品企业7大机遇**<br>叶敦明　著 | 产业链条的整合机会、盈利模式的复制机会、营销红利的机会、工业服务商转型机会…… | 工业品企业还可以这样做，思维大突破 |
| | **工业品市场部实战全指导**<br>杜　忠　著 | 工业品市场部经理工作内容全指导 | 系统、全面、有理论、有方法，帮助工业品市场部经理更快提升专业能力 |
| | **工业品营销管理实务**<br>李洪道　著 | 中国特色工业品营销体系的全面深化、工业品营销管理体系优化升级 | 工具更实战，案例更鲜活，内容更深化 |
| | **工业品企业如何做品牌**<br>张东利　著 | 为工业品企业提供最全面的品牌建设思路 | 有策略、有方法、有思路、有工具 |
| | **丁兴良讲工业4.0**<br>丁兴良　著 | 没有枯燥的理论和说教，用朴实直白的语言告诉你工业4.0的全貌 | 工业4.0是什么？本书告诉你答案 |
| | **资深大客户经理：策略准，执行狠**<br>叶敦明　著 | 从业务开发、发起攻势、关系培育、职业成长四个方面，详述了大客户营销的精髓 | 满满的全是干货 |
| | **两化融合管理系统贯标流程与方法**<br>戴　勇　张华杰　张百荣　编著 | 全面梳理贯标流程和方法 | 帮助企业成功贯标 |
| | **一切为了订单：订单驱动下的工业品营销实战**<br>唐道明　著 | 其实，所有的企业都在围绕着两个字在开展全部的经营和管理工作，那就是“订单” | 开发订单、满足订单、扩大订单。本书全是实操方法，字字珠玑、句句干货，教你获得营销的胜利 |
| 金融 | **交易心理分析**<br>(美)马克·道格拉斯　著<br>刘真如　译 | 作者一语道破赢家的思考方式，并提供了具体的训练方法 | 不愧是投资心理的第一书，绝对经典 |
| | **精品银行管理之道**<br>崔海鹏　何　屹　主编 | 中小银行转型的实战经验总结 | 中小银行的教材很多，实战类的书很少，可以看看 |

续表

<table>
<tr><td rowspan="5">金融</td><td>**支付战争**<br>Eric M. Jackson 著<br>徐 彬 王 晓 译</td><td>PayPal 创业期营销官，亲身讲述 PayPal 从诞生到壮大到成功出售的整个历史</td><td>激烈、有趣的内幕商战故事！了解美国支付市场的风云巨变</td></tr>
<tr><td>**中外并购名著专业阅读指南**<br>叶兴平 等著</td><td>在5000 多本并购类图书中精选的 200 著作，在阅读的基础上写的读书评价</td><td>精挑细选200 本并一一评介，省去读者挑选的烦恼，快捷、高效</td></tr>
<tr><td>**新三板信息披露全流程：操作与工具**<br>和珩科技 著</td><td>详细拆解董秘日常工作过程中所需的信息披露流程</td><td>董秘案头必备用书</td></tr>
<tr><td>**成功并购 300 本：一本书搞定并购难题**<br>浩德军师并购联盟 著</td><td>从财务，税务，法律等角度详细解答疑问</td><td>能解决 80% 的并购问题</td></tr>
<tr><td>**互联网时代的银行转型**<br>韩友诚 著</td><td>以大量案例形式为读者全面展示和分析了银行的互联网金融转型应对之道</td><td>结合本土银行转型发展案例的书籍</td></tr>
<tr><td rowspan="4">房地产</td><td>**产业园区/产业地产规划、招商、运营实战**<br>阎立忠 著</td><td>目前中国第一本系统解读产业园区和产业地产建设运营的实战宝典</td><td>从认知、策划、招商到运营全面了解地产策划</td></tr>
<tr><td>**人文商业地产策划**<br>戴欣明 著</td><td>城市与商业地产战略定位的关键是不可复制性，要发现独一无二的“味道”</td><td>突破千城一面的策划困局</td></tr>
<tr><td>**中国城市群房地产投资策略**<br>吕俊博 著</td><td>全方位、多角度分析城市群房地产现状是趋势</td><td>让亿元资产投资更理性、更安全</td></tr>
<tr><td>**电影院的下一个黄金十年：开发·差异化·案例**<br>李保煜 著</td><td>对目前电影院市场存大的问题及如何解决进行了探讨与解读</td><td>多角度了解电影院运营方式及代表性案例</td></tr>
<tr><td rowspan="2">能源</td><td>**全能型班组：城市能源互联网与电力班组升级**<br>国网天津市电力公司 编著</td><td>借鉴国内外优秀企业的转型升级思路，通过对于新型班组组织模式和运行机制的大胆设想，力图构建充分适应内外环境变化的全能型班组</td><td>看看庞大的国企在新环境下是如何顺应时代的</td></tr>
<tr><td>**国网天津电力全能型班组建设实务**<br>国网天津市电力公司 编著</td><td>本书聚焦于天津电力公司在探索全能型班组转型升级时的优秀实践</td><td>电力行业的班组实践，具体、可操作性强</td></tr>
<tr><td colspan="4">**经营类：企业如何赚钱，如何抓机会，如何突破，如何“开源”**</td></tr>
<tr><td></td><td>书名．作者</td><td>内容/特色</td><td>读者价值</td></tr>
<tr><td rowspan="7">抓方向</td><td>**让经营回归简单．升级版**<br>宋新宇 著</td><td>化繁为简抓住经营本质：战略、客户、产品、员工、成长</td><td>经典，做企业就这几个关键点！</td></tr>
<tr><td>**混沌与秩序Ⅰ：变革时代企业领先之道**<br>**混沌与秩序Ⅱ：变革时代管理新思维**<br>彭剑锋 尚艳玲 主编</td><td>汇集华夏基石专家团队 10 年来研究成果，集中选择了其中的精华文章编纂成册</td><td>作者都是既有深厚理论积淀又有实践经验的重磅专家，为中国企业和企业家的未来提出了高屋建瓴的观点</td></tr>
<tr><td>**活系统：跟任正非学当老板**<br>孙行健 尹 贤 著</td><td>以任正非的独到视角，教企业老板如何经营公司</td><td>看透公司经营本质，激活企业活力</td></tr>
<tr><td>**重构：快消品企业重生之道**<br>杨永华 著</td><td>从 7 个角度，帮助企业实现系统性的改造</td><td>提供转型思想与方法，值得参考</td></tr>
<tr><td>**公司由小到大要过哪些坎**<br>卢 强 著</td><td>老板手里的一张“企业成长路线图”</td><td>现在我在哪儿，未来还要走哪些路，都清楚了</td></tr>
<tr><td>**企业二次创业成功路线图**<br>夏惊鸣 著</td><td>企业曾经抓住机会成功了，但下一步该怎么办？</td><td>企业怎样获得第二次成功，心里有个大框架了</td></tr>
<tr><td>**老板经理人双赢之道**<br>陈 明 著</td><td>经理人怎养选平台、怎么开局，老板怎样选/育/用/留</td><td>老板生闷气，经理人牢骚大，这次知道该怎么办了</td></tr>
</table>

续表

| | | | |
|---|---|---|---|
| 抓方向 | **简单思考:AMT 咨询创始人自述**<br>孔祥云　著 | 著名咨询公司(AMT)的 CEO 创业历程中点点滴滴的经验与思考 | 每一位咨询人,每一位创业者和管理经营者,都值得一读 |
| | **企业文化的逻辑**<br>王祥伍　黄健江　著 | 为什么企业绩效如此不同,解开绩效背后的文化密码 | 少有的深刻,有品质,读起来很流畅 |
| | **使命驱动企业成长**<br>高可为　著 | 钱能让一个人今天努力,使命能让一群人长期努力 | 对于想做事业的人,'使命'是绕不过去的 |
| 思维突破 | **盈利原本就这么简单**<br>高可为　著 | 从财务的角度揭示企业盈利的秘密 | 多方面解读商业模式与盈利的关系,通俗易懂,受益匪浅 |
| | **经营:打造你的盈利系统**<br>高可为　著 | 从盈利角度梳理了系统化的经营方式 | 让企业掌舵者把控经营全局 |
| | **创模式:23 个行业创新案例**<br>段传敏　著 | 23 位行业精英的创新对话 | 创业者、转型者的实战参考 |
| | **企业良性成长:用顶层设计突破瓶颈**<br>刘建兆　著 | 全方位介绍企业顶层设计的方法和思路 | 帮助企业用顶层设计突破成长瓶颈 |
| | **移动互联新玩法:未来商业的格局和趋势**<br>史贤龙　著 | 传统商业、电商、移动互联,三个世界并存,这种新格局的玩法一定要懂 | 看清热点的本质,把握行业先机,一本书搞定移动互联网 |
| | **画出公司的互联网进化路线图:用互联网思维重塑产品、客户和价值**<br>李　蓓　著 | 18 个问题帮助企业一步步梳理出互联网转型思路 | 思路清晰、案例丰富,非常有启发性 |
| | **重生战略:移动互联网和大数据时代的转型法则**<br>沈　拓　著 | 在移动互联网和大数据时代,传统企业转型如同生命体打算与再造,称之为"重生战略" | 帮助企业认清移动互联网环境下的变化和应对之道 |
| | **创造增量市场:传统企业互联网转型之道**<br>刘红明　著 | 传统企业需要用互联网思维去创造增量,而不是用电子商务去转移传统业务的存量 | 教你怎么在"互联网 +"的海洋中创造实实在在的增量 |
| | **7 个转变,让公司 3 年胜出**<br>李　蓓　著 | 消费者主权时代,企业该怎么办 | 这就是互联网思维,老板有能这样想,肯定倒不了 |
| | **跳出同质思维,从跟随到领先**<br>郭　剑　著 | 66 个精彩案例剖析,帮助老板突破行业长期思维惯性 | 做企业竟然有这么多玩法,开眼界 |
| | **互联网 +"变"与"不变":本土管理实践与创新论坛集萃·2016**<br>本土管理实践与创新论坛　著 | 加速本土管理思想的孕育诞生,促进本土管理创新成果更好地服务企业、贡献社会 | 各个作者本年度最新思想,帮助读者拓宽眼界、突破思维 |
| | **消费升级:实践　研究(文集)**<br>本土管理实践与创新论坛　著 | 38 位管理专家及 7 位学者的精华思想,从经营、管理、行业及思想研究四个方面阐述中国企业在消费升级下的实践与研究 | 思想启发,行业借鉴 |
| 财务 | **写给企业家的公司与家庭财务规划——从创业成功到富足退休**<br>周荣辉　著 | 本书以企业的发展周期为主线,写各阶段企业与企业主家庭的财务规划 | 为读者处理人生各阶段企业与家庭的财务问题提供建议及方法,让家庭成员真正享受财富带来的益处 |
| | **互联网时代的成本观**<br>程　翔　著 | 本书结合互联网时代提出了成本的多维观,揭示了多维组合成本的互联网精神和大数据特征,论述了其产生背景、实现思路和应用价值 | 在传统成本观下为盈利的业务,在新环境下也许就成为亏损业务。帮助管理者从新的角度来看待成本,进一步做好精益管理 |

续表

| | | | |
|---|---|---|---|
| 财务 | **财报背后的投资机会**<br>蒋　豹　著 | 以具体的公司案例分析，教你迅速看出财务报表与企业经营的关系、所反映的企业经营现状，从而找到投资机会 | 前四大会计所员工为读者解密财报，发现投资机会 |

**管理类：效率如何提升，如何实现经营目标，如何“节流”**

| | 书名．作者 | 内容/特色 | 读者价值 |
|---|---|---|---|
| 通用管理 | **让管理回归简单·升级版**<br>宋新宇　著 | 从目标、组织、决策、授权、人才和老板自己层面教你怎样做管理 | 帮助管理抓住管理的要害，让管理变得简单 |
| | **让经营回归简单·升级版**<br>宋新宇　著 | 从战略、客户、产品、员工、成长、经营者自身等七个方面，归纳总结出简单有效的经营法则 | 总结出的真正优秀企业的成功之道：简单 |
| | **让用人回归简单**<br>宋新宇　著 | 从用人的原则、用人的难题与误区、用人的方法和用人者的修炼四大方面，总结出适合中小企业做好人才管理工作的法则 | 帮助管理者抓住用人的要害，让用人变得简单 |
| | **历史深处的管理智慧1：组织建设与用人之道**<br>刘文瑞　著 | 对历史之典故、政事、人事、政制进行管理解析，鉴照企业人才的选用育留 | 推动理论与实践的对接，实现理性与情感的渗透，用中国话语说明管理智慧 |
| | **历史深处的管理智慧2：战略决策与经营运作**<br>刘文瑞　著 | 对历史之典故、政事、人事、政制进行管理解析，鉴照企业战略设计与经营实践 | 推动理论与实践的对接，实现理性与情感的渗透，用中国话语说明管理智慧 |
| | **历史深处的管理智慧3：领导修炼与文化素养**<br>刘文瑞　著 | 对历史之典故、政事、人事、政制进行管理解析，鉴照企业领导职业能力提升与文化修养 | 推动理论与实践的对接，实现理性与情感的渗透，用中国话语说明管理智慧 |
| | **管理的尺度**<br>刘文瑞　著 | 对管理中的种种普遍性问题进行了批评 | 提高把握管理尺度的能力 |
| | **管理学在中国**<br>刘文瑞　著 | 系统性介绍了管理学在中国的发展和演变 | 了解管理学在中国的发展脉络，更清晰理解管理学的本质 |
| | **看电影，懂管理**<br>刘文瑞　著 | 16部经典电影，带你感悟管理智慧 | 能够帮助读者放松身心，驰骋想象，在不知不觉中增长智慧 |
| | **管理：以规则驾驭人性**<br>王春强　著 | 详细解读企业规则的制定方法 | 从人与人博弈角度提升管理的有效性 |
| | **打造集成供应链：走出挂一漏十的改善困境**<br>王春强　著 | 详解集成供应链全过程 | 帮助企业优化供应链管理 |
| | **用好骨干员工：关键人才培养与激励**<br>王　敏　著 | 系统化分享关键人才打造与激励方法 | 企业能实在用人的最大化价值 |
| | **改变世界的管理学大师1：管理学的前世今生**<br>刘文瑞　编著 | 介绍了古典管理学时期的大师事迹和思想 | 深入了解管理大师们的思想和智慧 |
| | **成为企业欢迎的咨询师**<br>张国祥　著 | 从调研到落地，手把手教你咨询流程 | 不走弯路，方便直接的学到老咨询师的套路 |
| | **员工心理学超级漫画版**<br>邢　雷　著 | 以漫画的形式深度剖析员工心理 | 帮助管理者更了解员工，从而更轻松地管理员工 |
| | **老板有想法，高层有干法：企业中的将帅之道**<br>王清华　著 | 深入剖析老板与高管的异同 | 各司其职，各行其是，相辅相成 |
| | **分股合心：股权激励这样做**<br>段磊　周剑　著 | 通过丰富的案例，详细介绍了股权激励的知识和实行方法 | 内容丰富全面、易读易懂，了解股权激励，有这一本就够了 |
| | **边干边学做老板**<br>黄中强　著 | 创业20多年的老板，有经验、能写、又愿意分享，这样的书很少 | 处处共鸣，帮助中小企业老板少走弯路 |

续表

| | | | |
|---|---|---|---|
| 通用管理 | **成为敏感而体贴的公司**<br>王　涛　著 | 本书为作者对企业的观察和冥想的随笔记录。从生活中的一个现象入手，进而探索现象背后的本质 | 从全新角度认识公司 |
| | **中国企业的觉醒：正直　善良　成长**<br>王　涛　著 | 围绕着企业人如何发生转化展开，对中国人、中国文化及由此导致的企业现状的观察和思考 | 企业除了要利润，还需要道德 |
| | **有意识的思考：轻松化解问题的7个思考习惯**<br>王　涛　著 | 本书是对思想、思考过程、思考方式进行的细致观察 | 养成好的思考习惯，更深刻地看问题 |
| | **中国式阿米巴落地实践之从交付到交易**<br>胡八一　著 | 本书主要讲述阿米巴经营会计，"从交付到交易"，这是成功实施了阿米巴的标志 | 阿米巴经营会计的工作是有逻辑关联的，一本书就能搞定 |
| | **中国式阿米巴落地实践之激活组织**<br>胡八一　著 | 重点讲解如何科学划分阿米巴单元，阐述划分的实操要领、思路、方法、技术与工具 | 最大限度减少"推行风险"和"摸索成本"，利于公司成功搭建适合自身的个性化阿米巴经营体系 |
| | **中国式阿米巴落地实践之持续盈利**<br>胡八一　著 | 把企业做成平台，企业才能做大（格局）；把平台做成阿米巴，企业才能做强（专业）；把阿米巴做成合伙制，企业才能做久（机制） | 中国式阿米巴落地实践三部曲的最后一部，告诉你企业如何做大做强做久 |
| | **集团化企业阿米巴实战案例**<br>初勇钢　著 | 一家集团化企业阿米巴实施案例 | 指导集团化企业系统实施阿米巴 |
| | **阿米巴经营的中国模式**<br>李志华　著 | 让员工从"要我干"到"我要干"，价值量化出来 | 阿米巴在企业如何落地，明白思路了 |
| | **欧博心法：好管理靠修行**<br>曾　伟　著 | 用佛家的智慧，深刻剖析管理问题，见解独到 | 如果真的有'中国式管理'，曾老师是其中标志性人物 |
| | **领导这样点燃你的下属**<br>孟广桥　著 | 领导者如何才能让员工积极主动地工作？如何让你的员工和下属保持工作的热情，自动自发？看了这本书就知道 | 只要你希望手下的"兵将"永远充满工作的斗志，这本书将使你获益良多 |
| 流程管理 | **1. 用流程解放管理者**<br>**2. 用流程解放管理者2**<br>张国祥　著 | 中小企业阅读的流程管理、企业规范化的书 | 通俗易懂，理论和实践的结合恰到好处 |
| | **跟我们学建流程体系**<br>陈立云　著 | 畅销书《跟我们学做流程管理》系列，更实操，更细致，更深入 | 更多地分享实践，分享感悟，从实践总结出来的方法论 |
| | **人人都要懂流程**<br>金国华　余雅丽　著 | 当前各企业流程管理方面最为典型的痛点现象及问题案例 | 通俗易懂，适合企业全员阅读 |
| 质量管理 | **IATF16949质量管理体系详解与案例文件汇编：TS16949转版IATF16949：2016**<br>谭洪华　著 | 针对IATF的新标准做了详细的解说，同时指出了一些推行中容易犯的错误，提供了大量的表单、案例 | 案例、表单丰富，拿来就用 |
| | **五大质量工具详解及运用案例：APQP/FMEA/PPAP/MSA/SPC**<br>谭洪华　著 | 对制造业必备的五大质量工具中每个文件的制作要求、注意事项、制作流程、成功案例等进行了解读 | 通俗易懂、简便易行，能真正实现学以致用 |
| | **ISO9001：2015新版质量管理体系详解与案例文件汇编**<br>谭洪华　著 | 紧密围绕2015年新版质量管理体系文件逐条详细解读，并提供可以直接套用的案例工具，易学易上手 | 企业质量管理认证、内审必备 |
| | **ISO14001：2015新版环境管理体系详解与案例文件汇编**<br>谭洪华　著 | 紧密围绕2015年新版环境管理体系文件逐条详细解读，并提供可以直接套用的案例工具，易学易上手 | 企业环境管理认证、内审必备 |

续表

<table>
<tr><td rowspan="3">质量管理</td><td>ISO9001:2015 完整文件汇编:制造业<br>贺红喜　著</td><td>按照 ISO9001 标准并超出标准的要求,提供了一套完整的制造业的质量管理体系文件</td><td>原汁原味完整收入,直接可以拿来就用</td></tr>
<tr><td>SA8000:2014 社会责任管理体系认证实战<br>吕　林　著</td><td>作者根据自己的操作经验,按认证的流程,以相关案例进行说明 SA8000 认证体系</td><td>简单,实操性强,拿来就能用</td></tr>
<tr><td>精益质量管理实战工具<br>贺小林　著</td><td>制造类企业日常工作中所需要的精益管理工具的归纳整理,并进行案例操作的细致分析</td><td>可以直接参考,实际解决生产中的具体问题</td></tr>
<tr><td rowspan="4">战略落地</td><td>重生——中国企业的战略转型<br>施　炜　著</td><td>从前瞻和适用的角度,对中国企业战略转型的方向、路径及策略性举措提出了一些概要性的建议和意见</td><td>对企业有战略指导意义</td></tr>
<tr><td>公司大了怎么管:从靠英雄到靠组织<br>AMT 金国华　著</td><td>第一次详尽阐释中国快速成长型企业的特点、问题及解决之道</td><td>帮助快速成长型企业领导及管理团队理清思路,突破瓶颈</td></tr>
<tr><td>低效会议怎么改:每年节省一半会议成本的秘密<br>AMT 王玉荣　著</td><td>教你如何系统规划公司的各级会议,一本工具书</td><td>教会你科学管理会议的办法</td></tr>
<tr><td>年初订计划,年尾有结果:战略落地七步成诗<br>AMT 郭晓　著</td><td>7 个步骤教会你怎么让公司制定的战略转变为行动</td><td>系统规划,有效指导计划实现</td></tr>
<tr><td rowspan="9">人力资源</td><td>HRBP 是这样炼成的之“菜鸟起飞”<br>新　海　著</td><td>以小说的形式,具体解析 HRBP 的职责,应该如何操作,如何为业务服务</td><td>实践者的经验分享,内容实务具体,形式有趣</td></tr>
<tr><td>HRBP 是这样炼成的之中级修炼<br>新　海　著</td><td>本书以案例故事的方式,介绍了 HRBP 在实际工作中碰到的问题和挑战</td><td>书中的 HR 解决方案讲究因时因地制宜、简单有效的原则,重在启发读者思路,可供各类企业 HRBP 借鉴</td></tr>
<tr><td>HRBP 是这样炼成的之高级修炼<br>新　海　著</td><td>以故事的形式,展现了 HRBP 工作者在职业发展路上的层层深入和递进</td><td>为读者提供 HRBP 在实际工作中遇到种种问题的解决方案</td></tr>
<tr><td>新任 HR 高管如何从 0 到 1<br>黄渊明　著</td><td>全景式展现新任高管华丽转身全过程</td><td>助力新任高管安全着陆</td></tr>
<tr><td>HR 的劳动法内参<br>李皓楠　著</td><td>100 个劳动法案例和分析</td><td>轻松掌握劳动法知识,方便运用</td></tr>
<tr><td>把面试做到极致:首席面试官的人才甄选法<br>孟广桥　著</td><td>作者用自己几十年的人力资源经验总结出的一套实用的确定岗位招聘标准、提升面试官技能素质的简便方法</td><td>面试官必备,没有空泛理论,只有巧妙的实操技能</td></tr>
<tr><td>人力资源体系与 e-HR 信息化建设<br>刘书生　陈　莹　王美佳　著</td><td>将作者经历的人力资源管理变革、人力资源管理信息化咨询项目方法论、工具和成果全面展现给读者,使大家能够将其快速应用到管理实践中</td><td>系统性非常强,没有废话,全部是浓缩的干货</td></tr>
<tr><td>回归本源看绩效<br>孙　波　著</td><td>让绩效回顾“改进工具”的本源,真正为企业所用</td><td>确实是来源于实践的思考,有共鸣</td></tr>
<tr><td>世界 500 强资深培训经理人教你做培训管理<br>陈　锐　著</td><td>从 7 大角度具体细致地讲解了培训管理的核心内容</td><td>专业、实用、接地气</td></tr>
</table>

续表

| | | | |
|---|---|---|---|
| 人力资源 | **曹子祥教你做激励性薪酬设计**<br>曹子祥　著 | 以激励性为指导，系统性地介绍了薪酬体系及关键岗位的薪酬设计模式 | 深入浅出，一本书学会薪酬设计 |
| | **曹子祥教你做绩效管理**<br>曹子祥　著 | 复杂的理论通俗化，专业的知识简单化，企业绩效管理共性问题的解决方案 | 轻松掌握绩效管理 |
| | **把招聘做到极致**<br>远　鸣　著 | 作为世界500强高级招聘经理，作者数十年招聘经验的总结分享 | 带来职场思考境界的提升和具体招聘方法的学习 |
| | **人才评价中心．超级漫画版**<br>邢　雷　著 | 专业的主题，漫画的形式，只此一本 | 没想到一本专业的书，能写成这效果 |
| | **走出薪酬管理误区**<br>全怀周　著 | 剖析薪酬管理的8大误区，真正发挥好枢纽作用 | 值得企业深读的实用教案 |
| | **集团化人力资源管理实践**<br>李小勇　著 | 对搭建集团化的企业很有帮助，务实，实用 | 最大的亮点不是理论，而是结合实际的深入剖析 |
| | **我的人力资源咨询笔记**<br>张　伟　著 | 管理咨询师的视角，思考企业的HR管理 | 通过咨询师的眼睛对比很多企业，有启发 |
| | **本土化人力资源管理8大思维**<br>周　剑　著 | 成熟HR理论，在本土中小企业实践中的探索和思考 | 对企业的现实困境有真切体会，有启发 |
| 企业文化 | **36个拿来就用的企业文化建设工具**<br>海融心胜　主编 | 数十个工具，为了方便拿来就用，每一个工具都严格按照工具属性、操作方法、案例解读划分，实用、好用 | 企业文化工作者的案头必备书，方法都在里面，简单易操作 |
| | **企业文化建设超级漫画版**<br>邢　雷　著 | 以漫画的形式系统教你企业文化建设方法 | 轻松易懂好操作 |
| | **华夏基石方法：企业文化落地本土实践**<br>王祥伍　谭俊峰　著 | 十年积累、原创方法、一线资料，和盘托出 | 在文化落地方面真正有洞察，有实操价值的书 |
| | **企业文化的逻辑**<br>王祥伍　著 | 为什么企业之间如此不同，解开绩效背后的文化密码 | 少有的深刻，有品质，读起来很流畅 |
| | **企业文化激活沟通**<br>宋杼宸　安　琪　著 | 透过新任HR总经理的眼睛，揭示出沟通与企业文化的关系 | 有实际指导作用的文化落地读本 |
| | **在组织中绽放自我：从专业化到职业化**<br>朱仁健　王祥伍　著 | 个人如何融入组织，组织如何助力个人成长 | 帮助企业员工快速认同并投入到组织中去，为企业发展贡献力量 |
| | **企业文化定位·落地一本通**<br>王明胤　著 | 把高深枯燥的专业理论创建成一套系统化、实操化、简单化的企业文化缔造方法 | 对企业文化不了解，不会做？有这一本从概念到实操，就够了 |
| 生产管理 | **精益思维：中国精益如何落地**<br>刘承元　著 | 笔者二十余年企业经营和咨询管理的经验总结 | 中国企业需要灵活运用精益思维，推动经营要素与管理机制的有机结合，推动企业管理向前发展 |
| | **300张现场图看懂精益5S管理**<br>乐　涛　编著 | 5S现场实操详解 | 案例图解，易懂易学 |
| | **高员工流失率下的精益生产**<br>余伟辉　著 | 中国的精益生产必须面对和解决高员工流失率问题 | 确实来源于本土的工厂车间，很务实 |
| | **车间人员管理那些事儿**<br>岑立聪　著 | 车间人员管理中处理各种“疑难杂症”的经验和方法 | 基层车间管理者最闹心、头疼的事，‘打包’解决 |

续表

| | | | |
|---|---|---|---|
| 生产管理 | **1. 欧博心法:好管理靠修行**<br>**2. 欧博心法:好工厂这样管**<br>曾　伟　著 | 他是本土最大的制造业管理咨询机构创始人,他从400多个项目、上万家企业实践中锤炼出的欧博心法 | 中小制造型企业,一定会有很强的共鸣 |
| | **欧博工厂案例1:生产计划管控对话录**<br>**欧博工厂案例2:品质技术改善对话录**<br>**欧博工厂案例3:员工执行力提升对话录**<br>曾　伟　著 | 最典型的问题、最详尽的解析,工厂管理9大问题27个经典案例 | 没想到说得这么细,超出想象,案例很典型,照搬都可以了 |
| | **工厂管理实战工具**<br>欧博企管　编著 | 以传统文化为核心的管理工具 | 适合中国工厂 |
| | **苦中得乐:管理者的第一堂必修课**<br>曾　伟　编著 | 曾伟与师傅大愿法师的对话,佛学与管理实践的碰撞,管理禅的修行之道 | 用佛学最高智慧看透管理 |
| | **比日本工厂更高效1:管理提升无极限**<br>刘承元　著 | 指出制造型企业管理的六大积弊;颠覆流行的错误认知;掌握精益管理的精髓 | 每一个企业都有自己不同的问题,管理没有一剑封喉的秘笈,要从现场、现物、现实出发 |
| | **比日本工厂更高效2:超强经营力**<br>刘承元　著 | 企业要获得持续盈利,就要开源和节流,即实现销售最大化,费用最小化 | 掌握提升工厂效率的全新方法 |
| | **比日本工厂更高效3:精益改善力的成功实践**<br>刘承元　著 | 工厂全面改善系统有其独特的目的取向特征,着眼于企业经营体质(持续竞争力)的建设与提升 | 用持续改善力来飞速提升工厂的效率,高效率能够带来意想不到的高效益 |
| | **3A顾问精益实践1:IE与效率提升**<br>党新民　苏迎斌　蓝旭日　著 | 系统的阐述了IE技术的来龙去脉以及操作方法 | 使员工与企业持续获利 |
| | **3A顾问精益实践2:JIT与精益改善**<br>肖志军　党新民　著 | 只在需要的时候,按需要的量,生产所需的产品 | 提升工厂效率 |
| | **化工企业工艺安全管理实操**<br>黄　娜　编著 | 化工企业工艺安全管理全指导 | 帮助企业树立安全意识,强化安全管理方法 |
| | **手把手教你做专业的生产经理**<br>黄　娜　著 | 物流、信息流、资金流,让生产经理管理有抓手 | 从菜鸟到能把控全局 |
| 员工素质提升 | **TTT培训师精进三部曲(上):深度改善现场培训效果**<br>廖信琳　著 | 现场把控不用慌,这里有妙招一用就灵 | 课程现场无论遇到什么样的情况都能游刃有余 |
| | **TTT培训师精进三部曲(中):构建最有价值的课程内容**<br>廖信琳　著 | 这样做课程内容,学员有收获培训师也有收获 | 优质的课程内容是树立个人品牌的保证 |
| | **TTT培训师精进三部曲(下):职业功力沉淀与修为提升**<br>廖信琳　著 | 从内而外提升自己,职业的道路一帆风顺 | 走上职业TTT内训师的康庄大道 |
| | **培训师,如何让你的事业长青:自我管理的10项法则**<br>廖信琳　著 | 建立了一套完整的培训师自我管理体系,为培训师的职业成长与发展提供有益的指引 | 培训师如何在自己的职业道路上越走越高,事业长青,一直有所收获与成长?本书将给你答案 |
| | **管理咨询师的第一本书:百万年薪　千万身价**<br>熊亚柱　著 | 从问题出发,发现问题、分析问题、解决问题,让两眼一抹黑的新人快速成长 | 管理咨询师初入职场,让这本书开启百万年薪之路 |

续表

| | | | |
|---|---|---|---|
| 员工素质提升 | **手把手教你做专业督导:专卖店、连锁店**<br>熊亚柱 著 | 从督导的职能、作用,在工作中需要的专业技能、方法,都提供了详细的解读和训练办法,同时附有大量的表单工具 | 无论是店铺需要统一培训,还是个人想成为优秀的督导,有这一本就够了 |
| | **跟老板“偷师”学创业**<br>吴江萍 余晓雷 著 | 边学边干,边观察边成长,你也可以当老板 | 不同于其他类型的创业书,让你在工作中积累创业经验,一举成功 |
| | **销售轨迹:一位快消品营销总监的拼搏之路**<br>秦国伟 著 | 本书讲述了一个普通销售员打拼成为跨国企业营销总监的真实奋斗历程 | 激励人心,给广大销售员以力量和鼓舞 |
| | **在组织中绽放自我:从专业化到职业化**<br>朱仁健 王祥伍 著 | 个人如何融入组织,组织如何助力个人成长 | 帮助企业员工快速认同并投入到组织中去,为企业发展贡献力量 |
| | **企业员工弟子规:用心做小事,成就大事业**<br>贾同领 著 | 从传统文化《弟子规》中学习企业中为人处事的办法,从自身做起 | 点滴小事,修养自身,从自身的改善得到事业的提升 |
| | **手把手教你做顶尖企业内训师:TTT培训师宝典**<br>熊亚柱 著 | 从课程研发到现场把控、个人提升都有涉及,易读易懂,内容丰富全面 | 想要做企业内训师的员工有福了,本书教你如何抓住关键,从入门到精通 |
| | **28天速成文案高手**<br>秦士 安丽 著 | 解构优秀品牌和出彩文案背后的逻辑,28天循序渐进成为文案高手 | 让优质文案变成“智慧工厂”般的工序管理与稳定出品 |
| | **让投诉顾客满意离开:客户投诉应对与管理**<br>孟广桥 著 | 立足于投诉处理的实践,剖析了不同投诉者投诉的特点和应对措施,并提供各种技巧方法、赢得客户信赖所需培养的品质修炼、处理投诉应掌握的法律法规等工具 | 是投诉处理人员适应岗位职能需要、提升工作技能的良师益友,是企业变诉为金、培养业务骨干的法宝 |

## 营销类:把客户需求融入企业各环节,提供“客户认为”有价值的东西

| | 书名.作者 | 内容/特色 | 读者价值 |
|---|---|---|---|
| 营销模式 | **精品营销战略**<br>杜建君 著 | 以精品理念为核心的精益战略和营销策略 | 用精品思维赢得高端市场 |
| | **变局下的营销模式升级**<br>程绍珊 叶宁 著 | 客户驱动模式、技术驱动模式、资源驱动模式 | 很多行业的营销模式被颠覆,调整的思路有了! |
| | **动销操盘:节奏掌控与社群时代新战法**<br>朱志明 著 | 在社群时代把握好产品生产销售的节奏,解析动销的症结,寻找动销的规律与方法 | 都是易读易懂的干货!对动销方法的全面解析和操盘 |
| | **弱势品牌如何做营销**<br>李政权 著 | 中小企业虽有品牌但没名气,营销照样能做的有声有色 | 没有丰富的实操经验,写不出这么具体、详实的案例和步骤,很有启发 |
| | **老板如何管营销**<br>史贤龙 著 | 高段位营销16招,好学好用 | 老板能看,营销人也能看 |
| | **洞察人性的营销战术:沈坤教你28式**<br>沈坤 著 | 28个匪夷所思的营销怪招令人拍案叫绝,涉及商业竞争的方方面面,大部分战术可以直接应用到企业营销中 | 各种谋略得益于作者的横向思维方式,将其操作过的案例结合其中,提供的战术对读者有参考价值 |
| | **动销:产品是如何畅销起来的**<br>吴江萍 余晓雷 著 | 真真切切告诉你,产品究竟怎么才能卖出去 | 击中痛点,提供方法,你值得拥有 |
| | **1000铁杆女粉丝**<br>张兵武 著 | 连接是女性与生俱来的特质。能善用连接的营销人员,就像拿到打开女性荷包的钥匙 | 重新认识女性的传播力量 |
| | **360°谈营销:一位营销咨询师20年实战洞察**<br>王清华 古怀亮 著 | 各个角度,全方位,多视点剖营销 | 思路单一,此书帮你破 |

续表

| | | | |
|---|---|---|---|
| 营销模式 | **营销按钮:扣动一触即发的力量**<br>老　苗　著 | 提供各种奇形怪状的营销武器 | 一定会带给你不一样的思维震撼 |
| | **孙子兵法营销战**<br>刘文新　著 | 逐句解读孙子兵法,以及在营销方面的感悟 | 帮助营销人用智慧打营销仗 |
| 销售 | **资深大客户经理:策略准,执行狠**<br>叶敦明　著 | 从业务开发、发起攻势、关系培育、职业成长四个方面,详述了大客户营销的精髓 | 满满的全是干货 |
| | **大客户销售这样说这样做**<br>陆和平　著 | 大客户销售十大模块68个典型销售场景应对策略和话术,直接拿来就用 | 从"为什么要这么干"到"干什么、怎么干" |
| | **成为资深的销售经理:B2B、工业品**<br>陆和平　著 | 围绕"销售管理的六个关键控制点"一一展开,提供销售管理的专业、高效方法 | 方法和技术接地气,拿来就用,从销售员成长为经理不再犯难 |
| | **销售是门专业活:B2B、工业品**<br>陆和平　著 | 销售流程就应该跟着客户的采购流程和关注点的变化向前推进,将一个完整的销售过程分成十个阶段,提供具体方法 | 销售不是请客吃饭拉关系,是个专业的活计!方法在手,走遍天下不愁 |
| | **向高层销售:与决策者有效打交道**<br>贺兵一　著 | 一套完整有效的销售策略 | 有工具,有方法,有案例,通俗易懂 |
| | **学话术　卖产品**<br>张小虎　著 | 分析常见的顾客异议,将优秀的话术模块化 | 让普通导购员也能成为销售精英 |
| 组织和团队 | **升级你的营销组织**<br>程绍珊　吴越舟　著 | 用"有机性"的营销组织替代"营销能人",营销团队变成"铁营盘" | 营销队伍最难管,程老师不愧是营销第1操盘手,步骤方法都很成熟 |
| | **用数字解放营销人**<br>黄润霖　著 | 通过量化帮助营销人员提高工作效率 | 作者很用心,很好的常备工具书 |
| | **成为优秀的快消品区域经理(升级版)**<br>伯建新　著 | 用"怎么办"分析区域经理的工作关键点,增加30%全新内容,更贴近环境变化 | 可以作为区域经理的"速成催化器" |
| | **成为资深的销售经理:B2B、工业品**<br>陆和平　著 | 围绕"销售管理的六个关键控制点"一一展开,提供销售管理的专业、高效方法 | 方法和技术接地气,拿来就用,从销售员成长为经理不再犯难 |
| | **一位销售经理的工作心得**<br>蒋　军　著 | 一线营销管理人员想提升业绩却无从下手时,可以看看这本书 | 一线的真实感悟 |
| | **快消品营销:一位销售经理的工作心得2**<br>蒋　军　著 | 快消品、食品饮料营销的经验之谈,重点突出 | 来源于实战的精华总结 |
| | **销售轨迹:一位快消品营销总监的拼搏之路**<br>秦国伟　著 | 本书讲述了一个普通销售员打拼成为跨国企业营销总监的真实奋斗历程 | 激励人心,给广大销售员以力量和鼓舞 |
| | **用营销计划锁定胜局:用数字解放营销人2**<br>黄润霖　著 | 全方位教你怎么做好营销计划,好学好用真简单 | 照搬套用就行,做营销计划再也不头痛 |
| | **快消品营销人的第一本书:从入门到精通**<br>刘　雷　伯建新　著 | 快消行业必读书,从入门到专业 | 深入细致,易学易懂 |
| 产品 | **产品开发管理方法·流程·工具:从作坊式到规范化**<br>任彭枞　著 | 产品研发管理体系全指导 | 既有工具,又能开拓思路 |
| | **新产品开发管理,就用IPD(升级版)**<br>郭富才　著 | 10年IPD研发管理咨询总结,国内首部IPD专业著作 | 一本书掌握IPD管理精髓 |

续表

<table>
<tr><td rowspan="5">产品</td><td>这样打造大单品：<br>案例　策略　方法<br>迪智成咨询团队　著</td><td>囊括十三个不同行业、企业的实际案例，从不同角度详细剖析、总结了这些品牌厂家打造大单品的成功经验或者失败教训</td><td>厘清大单品打造的策划与路径，得出持续经营的思路与方法</td></tr>
<tr><td>研发体系改进之道<br>靖　爽　陈年根　马鸣明　著</td><td>提出一套系统性的方法与工具</td><td>指引企业少走弯路，提高成功率</td></tr>
<tr><td>资深项目经理这样做新产品开发管理<br>秦海林　著</td><td>以 IPD 为思想，系统讲解新产品开管理的细节</td><td>提供管理思路和实用工具</td></tr>
<tr><td>产品炼金术Ⅰ：如何打造畅销产品<br>史贤龙　著</td><td>满足不同阶段、不同体量、不同行业企业对产品的完整需求</td><td>必须具备的思维和方法，避免在产品问题上走弯路</td></tr>
<tr><td>产品炼金术Ⅱ：如何用产品驱动企业成长<br>史贤龙　著</td><td>做好产品、关注产品的品质，就是企业成功的第一步</td><td>必须具备的思维和方法，避免在产品问题上走弯路</td></tr>
<tr><td rowspan="5">品牌</td><td>中小企业如何建品牌<br>梁小平　著</td><td>中小企业建品牌的入门读本，通俗、易懂</td><td>对建品牌有了一个整体框架</td></tr>
<tr><td>采纳方法：破解本土营销 8 大难题<br>朱玉童　编著</td><td>全面、系统、案例丰富、图文并茂</td><td>希望在品牌营销方面有所突破的人，应该看看</td></tr>
<tr><td>中国品牌营销十三战法<br>朱玉童　编著</td><td>采纳 20 年来的品牌策划方法，同时配有大量的案例</td><td>众包方式写作，丰富案例给人启发，极具价值</td></tr>
<tr><td>今后这样做品牌：移动互联时代的品牌营销策略<br>蒋　军　著</td><td>与移动互联紧密结合，告诉你老方法还能不能用，新方法怎么用</td><td>今后这样做品牌就对了</td></tr>
<tr><td>中小企业如何打造区域强势品牌<br>吴　之　著</td><td>帮助区域的中小企业打造自身品牌，如何在强壮自身的基础上往外拓展</td><td>梳理误区，系统思考品牌问题，切实符合中小区域品牌的自身特点进行阐述</td></tr>
<tr><td rowspan="7">渠道通路</td><td>深度分销：掌控渠道价值链<br>施　炜　著</td><td>制造商通过掌控渠道价值链，将管理触角延伸至零售层面及顾客现场，对市场根部精耕细作，从而挖掘需求，构筑区域市场尤其是三四级市场的竞争壁垒</td><td>深度分销是中国企业对世界营销的独特贡献。实践证明，互联网时代深度分销仍有生命力</td></tr>
<tr><td>快消品营销与渠道管理<br>谭长春　著</td><td>将快消品标杆企业渠道管理的经验和方法分享出来</td><td>可口可乐、华润的一些具体的渠道管理经验，实战</td></tr>
<tr><td>传统行业如何用网络拿订单<br>张　进　著</td><td>给老板看的第一本网络营销书</td><td>适合不懂网络技术的经营决策者看</td></tr>
<tr><td>采纳方法：化解渠道冲突<br>朱玉童　编著</td><td>系统剖析渠道冲突，21 个渠道冲突案例、情景式讲解，37 篇讲义</td><td>系统、全面</td></tr>
<tr><td>学话术　卖产品<br>张小虎　著</td><td>分析常见的顾客异议，将优秀的话术模块化</td><td>让普通导购员也能成为销售精英</td></tr>
<tr><td>向高层销售：与决策者有效打交道<br>贺兵一　著</td><td>一套完整有效的销售策略</td><td>有工具，有方法，有案例，通俗易懂</td></tr>
<tr><td>通路精耕操作全解：快消品 20 年实战精华<br>周　俊　陈小龙　著</td><td>通路精耕的详细全解，每一步的具体操作方法和表单全部无保留提供</td><td>康师傅二十年的经验和精华，实践证明的最有效方法，教你如何主宰通路</td></tr>
</table>

## 管理者读的文史哲·生活

<table>
<tr><th colspan="2">书名．作者</th><th>内容/特色</th><th>读者价值</th></tr>
<tr><td rowspan="2">思想·文化</td><td>德鲁克管理思想解读<br>罗　珉　著</td><td>用独特视角和研究方法，对德鲁克的管理理论进行了深度解读与剖析</td><td>不仅是摘引和粗浅分析，还是作者多年深入研究的成果，非常可贵</td></tr>
<tr><td>德鲁克与他的论敌们：马斯洛、戴明、彼得斯<br>罗　珉　著</td><td>几位大师之间的论战和思想碰撞令人受益匪浅</td><td>对大师们的观点和著作进行了大量的理论加工，去伪存真、去粗存精，同时有自己独特的体系深度</td></tr>
</table>

续表

| | | | |
|---|---|---|---|
| 思想·文化 | **德鲁克管理学**<br>张远凤　著 | 本书以德鲁克管理思想的发展为线索，从一个侧面展示了20世纪管理学的发展历程 | 通俗易懂，脉络清晰 |
| | **王阳明“万物一体”论：从“身-体”的立场看（修订版）**<br>陈立胜　著 | 以身体哲学分析王阳明思想中的“仁”与“乐” | 进一步了解传统文化，了解王阳明的思想 |
| | **自我与世界：以问题为中心的现象学运动研究**<br>陈立胜　著 | 以问题为中心，对现象学运动中的“意向性”“自我”“他人”“身体”及“世界”各核心议题之思想史背景与内在发展理路进行深入细致的分析 | 深入了解现象学中的几个主要问题 |
| | **作为身体哲学的中国古代哲学**<br>张再林　著 | 上篇为中国古代身体哲学理论体系奠基性部分，下篇对由“上篇”所开出的中国身体哲学理论体系的进一步的阐发和拓展 | 了解什么是真正原生态意义上的中国哲学，把中国传统哲学与西方传统哲学加以严格区别 |
| | **中西哲学的歧异与会通**<br>张再林　著 | 本书以一种现代解释学的方法，对中国传统哲学内在本质尝试一种全新的和全方位的解读 | 发掘出掩埋在古老传统形式下的现代特质和活的生命，在此基础上揭示中西哲学“你中有我，我中有你”之旨 |
| | **治论：中国古代管理思想**<br>张再林　著 | 本书主要从儒、法墨三家阐述中国古代管理思想 | 看人本主义的管理理论如何不留斧痕地克服似乎无法调解的存在于人类社会行为与社会组织中的种种两难和对立 |
| | **车过麻城　再晤李贽**<br>张再林　著 | 系统全面而又简明扼要地展示了李贽独到的学术眼力和超拔的理论建树 | 帮助读者重新认识李贽的思想 |
| | **中国古代政治制度（修订版）上：皇帝制度与中央政府**<br>刘文瑞　著 | 全面论证了古代皇帝制度的形成和演变的历程 | 有助于读者从政治制度角度了解中国国情的历史渊源 |
| | **中国古代政治制度（修订版）下：地方体制与官僚制度**<br>刘文瑞　著 | 全面论证了古代地方政府的发展演变过程 | 有助于读者从政治制度角度了解中国国情的历史渊源 |
| | **中国思想文化十八讲（修订版）**<br>张茂泽　著 | 中国古代的宗教思想文化，如对祖先崇拜、儒家天命观、中国古代关于“神”的讨论等 | 宗教文化和人生信仰或信念紧密相联，在文化转型时期学习和研究中国宗教文化就有特别的现实意义 |
| | **史幼波《大学》讲记**<br>史幼波　著 | 用儒释道的观点阐释大学的深刻思想 | 一本书读懂传统文化经典 |
| | **史幼波《周子通书》《太极图说》讲记**<br>史幼波　著 | 把形而上的宇宙、天地，与形而下的社会、人生、经济、文化等融合在一起 | 将儒家的一整套学修系统融合起来 |
| | **史幼波《中庸》讲记（上下册）**<br>史幼波　著 | 全面、深入浅出地揭示儒家中庸文化的真谛 | 儒释道三家思想融会贯通 |
| | **梁涛讲《孟子》之万章篇**<br>梁　涛　著 | 《万章》主要记录孟子与万章的对话，涉及孝道、亲情、友情、出仕为官等 | 作者的解读能帮助读者更好地理解孟子及儒学 |
| | **两晋南北朝十二讲（修订版）**<br>李文才　著 | 作为一本普及性读物，作者尊重史实，运用“历史心理学”的叙事方法，分12个专题对两晋南北朝的历史进行阐述 | 让读者轻松了解两晋南北朝的历史 |
| | **每个中国人身上的春秋基因**<br>史贤龙　著 | 春秋368年（公元前770-公元前403年），每一个中国人都可以在这段时期的历史中找到自己的祖先，看到真实发生的事件，同时也看到自己 | 长情商、识人心 |
| | **与《老子》一起思考：德篇**<br>**与《老子》一起思考：道篇**<br>史贤龙　著 | 打通文史，回归哲慧，纵贯古今，放眼中外，妙语迭出，在当今的老子读本中别具一格 | 深读有深读的回味，浅尝有浅尝的机敏，可给读者不同的启发 |